Träume töten ohne Warnung

Träume töten ohne Warnung

Niko Papadakis

Sonderedition aus den Bänden :

Jetzt und Immer
Ein übersprungener Tag
Verpasste Augenblicke

Titelbild: Gez Zirkelbach
www.mediarta.de
Fotobearbeitung: Babsi Schulte

© 2008 Niko Papadakis
Herstellung und Verlag: Books on Demand GmbH, Norderstedt.
ISBN 9 783 837 055 320
Bibliografische Information der Deutschen Nationalbibliothek
Die Deutsche Nationalbibliothek verzeichnet diese Publikation in
der Deutschen Nationalbibliografie; detaillierte bibliografische
Daten sind im Internet über http://dnb.d-nb.de abrufbar.

Inhaltsverzeichnis :

Nenne dich nicht arm, weil deine Träume nicht in
Erfüllung gegangen sind;
wirklich arm ist nur, der nie geträumt hat.

Marie von Ebner-Eschenbach

Liebe mich, wenn Du mich liebst

Liebe mich, wenn Du mich liebst
So wie ich bin
Und nicht, wie mich die anderen sehen.
In Hamburg ist der Schnee geschmolzen
Und die Wände sind mit Marmor ausgelegt.
Es gibt nur Einbahnstraßen
Und die, die behaupten
Die Menschheit geht ihrem Ende zu
Sind dem Tode geweiht.

All Deine Briefe sind noch so
Wie Du sie geschrieben hast
Eine Salve auf die Bundespost
Eine Salve auf all die Diktatoren.
Willkommen in der Willkür
Wage es nicht, jetzt
Mit Lösungsvorschlägen zu kommen.

Liebe mich, wenn Du mich liebst
Als wäre ich der, der ich bin
Oder besser noch
Als wäre ich jemand
Und nicht die Vorstellung von Etwas.

Es gibt nur noch Einbahnstraßen
Und nicht einmal Agamemnon
Würde sich im Labyrinth zurechtfinden.
Der Kapitän geht an Bord
Mit einem Lorbeerkranz.
Frauen links,
Männer rechts,
Eunuchen und Königen: Zutritt verboten.

Eine Ouvertüre ganz in Rot
Viele sprechen schon von Waterloo
Andere vorsichtiger vom Endsieg
Jetzt bist Du am Wählen.
Ist das Nichteingehen einer Bindung
Ein Infrage stellen der Zuneigung?
Ich weiß nur eines
Und du weißt es auch
Bis dass der Tod........... oder wie auch immer.

Die Seele eines Gedichtes ist der Schluss
So wie die Sonne
die in die Jauche fiel
Wenn ich die Augen schließe
Sehe ich, was ich brauche
Sehe ich, was ich suche
Die Traurigkeit zwischen den Regentropfen
und den Betrug vor dem Beichtstuhl.

Liebe mich, wenn Du mich liebst
In der Straßenbahn genau so wie im Bett
In der Menschenmenge wie in der Zweisamkeit
Ich weiß nur, dass meine Zeit kommt
Und sie wird radikal
Ganz dem Pathos verfallen
Vollkommen von den Fluten bedeckt.

Eluard starb ein Jahr vor
Und Brecht ein Jahr nach meiner Geburt
Und die Glocken spielen um die Wette
Im Binnenmeer.

Aus einem einzigen Gedicht
Kann Revolution entstehen
Und die Kinder
Sie lachen nicht dem Photografen zuliebe
Sie sind die Gefangenen der Freiheit
Die Wiedergeburt des Waldes
Einsam
Als wollten sie alle Menschen umarmen.

Leben möchte ich!
Könnte ich eigentlich jemals davon schweigen?
Das offene Wort ist verriegelt
Und fremde Gedanken
Wurden nie als Gesetz angenommen
So wie das Licht, das immer erlischt.

Wir steigen am Leben empor
Mit einer schwarzen Offenbarung
Und alles andere bunt
Wie die unschuldigen Opfer.

Liebe mich, wenn Du mich liebst
In dieser oder in jener Heimat
Liebe mich wie die Beständigkeit
Zeitloser geht es eigentlich nicht mehr.
Und ich stand mal
Mit erhobenem Haupt
wie eine Indianersquaw vor der Vergewaltigung
In allen entdeckten Zeiten.

Die Jungen werden alt
Und die Alten entziehen sich der Gegenüberstellung
Eine verdrehte Welt, in der wir leben
Die Sätze versiegelt
Und die Tugend bebt.
Es scheint so, als ob ich verstanden würde
Irgendwo wird leichte Zustimmung vernehmbar.

Die Angst breitflächiger
Stirb oder regier!
Verzaubere mich zum Leben
Erzwinge die Verschleierung
Es floss schon so viel Blut
Mehr als beim Patentanwalt vorgesehen.

Liebe mich, wenn Du mich liebst
Und Dein Wille sei der meine.
Es gibt keine Städte mehr
Es gibt keine schweigenden Sonnen

Die warten.
Radikalität breitet sich aus.
Aufs genaue geprüfte Anarchie.
Revolte
Befreiung.
Es gibt keine Ängste mehr
Keinen Unfrieden
Es gibt keine Grenzen mehr
Nur die Liebenden.

Die Toten kommen zurück
Die Unterdrückung ist Stein und Glut
Und die, die uns zeugten
Erkennen uns in sich.

Die Garderobieren stehen vor leeren Gängen
Und die Flamenco Tänzer ruhen sich aus
Fast könnte man meinen
Die Offenbarung naht.

Liebe mich, wenn Du mich liebst
So wie ich Deine Hände liebe
Diese schönsten Hände
Die nächtlichen Verließe.
Der Traum der Schönheit
Ist nicht nur von Bunuel geträumt
Und die, die lächeln
beanspruchen keine Flügel.
Die Wirklichkeit als Statussymbol.

Blasse Steine sind
Für an Tuberkulose erkrankte Steinmetze
Um kastrierte Skulpturen herzustellen.

Weißt Du eigentlich, wo ich aufgewachsen bin?
Zwischen Tomatensaftgeruch
und Kohlenstaub
Inmitten Schweißbächen.

Heute bin ich wieder dort vorbei
Wie unbestechlich doch die Zeit.
Mein Schritt wird langsam müde
Und aus den Fensterscheiben wachsen Federn
Du nahst
Dein Gang wird bebender
Wir reden jetzt nicht von Physiognomien
Nicht von mir
Bin ich nicht Vorbild genug
Muss ich noch auf die Ersatzbank?

Fast hättest Du
Idiotische Gedichte
Zu meinen Gedanken gesagt
Gib es zu!
Oder strafe mich eines Besseren
Dann bin ich niemandem schuldig
Meine Daseinsangst zu erklären.

Liebe mich, wenn Du mich liebst
Mit all Deiner Macht
Und alles andere
Wird mit
Oder wider Willen
Ein undurchdringliches Leben.

180 Zeilen,
manchmal mehr, fast immer weniger

Dies ist das einzig Mögliche
Geständnis, oder was auch immer
So hat man sie
Uns
Ihn
Und Dich hergebracht
Nun lebt in Frieden
Wobei das Wort " Frieden " in diesem Fall
Großgeschrieben wird.

Die Sternenträger in Dachau
Oder die Bajuffen vom Bahnhof
Zusammen in einem Knobelbecher
Wer wirft die meisten Augen?
Ob auf dem Stapler im Großmarkt
Oder als Bananenverkäufer vor dem Zoo
Manchmal auch nur ein flüchtig
Unüberlegtes Wort:
" Du nicht ! "

Viele nennen es Traurigkeit
Andere Tristesse
Mir fallen keine Worte ein
Nicht einmal für ein Gebet.
Der Schrei der Befreiung folgt
Was für ein glorreicher Tag
Und der Betrug dient als Mittler
So spielen wir mit Puppen
Zwischen den Lagerhallen und dem Müll.

Die Pflicht, Recht zu haben
und das Recht Pflicht auszuüben
So steh ich da
Nackt an Gedanken
Tatenlos.

Das was ich bekämpfe ist die Ungleichheit
Nicht die Geborgenheit
Die gibt es nicht einmal im Bett.

Meine Kinderjahre
Und meine Jugendjahre
Wie trauere ich ihnen nach
So auf den Discount geworfen
Wie zwei Paar Socken
zu Eins fünfundneunzig.

Alles was ich kenne
Und alles was ich kann
Weniger als ein Tropfen
Und doch eine Sintflut
So lasst mir wenigstens meine Einbildung.

Das Wort Ausweg
Wird in dem Wort Unordnung umgewandelt
Und die Hoffnung dient als Mittler
Wobei ich Whisky niemals pur trinke
Nur mit der einen Ausnahme
Damals.

Ich bin einfach nicht das was man in mir sieht
Ich erfreue mich an Eluard
Und ertrinke in Sentimentalität
bei Filmen Sirks.
Die Sonne mag ich und den Mond
Die Ruhe und den Frieden
Und über allem Dich

Ist die Welt nicht so, wie wir sie sehen?
Und ist das Kind dort wirklich tot
Oder posiert es nur
Dem Photografen zuliebe.
Seit Tagen habe ich einen Schmerz
Den ich nicht entziffern kann
Und einen Traum
Von Indianer und Astronauten

Die um die Wette Cola trinken
Und bei McDonalds den Girls nachschauen
Wie sie die Fußböden ablecken.

Der Weg ist doch weit
Keiner rechnet mehr mit den Schlagbäumen
Oder mit den lispelnden Zollfahndern
Erst nach zwanzig Jahren
So wie im Traum
Oder gar nach einem Bombenangriff.

Verdammt noch mal, mir geht's nicht gut.
Soll ich auf Bierzelt Stimmung umschwenken
Soll ich Halleluja schreien
Wenn Götzenanbetung näher liegt?
Die Musik ist längst verklungen
Die Stichflammen sind am ertrinken
Und der, der hinter der Mauer lauert
Schlägt den Heimweg an.

Freunde sind rar
Und eine erfolgreiche Flucht
Gelingt nicht immer.
So lass mich das ausdrücken
Was ich zu erkennen glaube:
--- Die Farben sind wieder einmal künstlich
--- Die Werbung einfallsloser
--- Die Alten immer älter
Ist das nicht schön so?

Der Natur eins auswischen
Quecksilber als Frösche anerkennen
Und Boy Gobert applaudieren
Wenn Cyrano zitiert wird.

Worin besteht der Unterschied
Zwischen einem Eisenbahnwaggon erster Klasse
Und Hühnermist?
Oder
Weshalb wird die Dreigroschenoper

Nie in Salzburg aufgeführt?
Es ist noch etwas an Sauerstoff vorhanden
Bitte der Reihe nach aufstellen
Und Ordnung bewahren
Das Exekutionskommando besteht schließlich
Auch nur aus Menschen.

Dies ist das einzig Mögliche
Sterben oder sich dem Tod weihen
Die Straßenlaterne flackert
Und die Nächte die wir durchmachten
Eignen sich nicht
Um unsere Agonie zu überwinden.
Ein Niemand im Niemandsland
Mit der Weisheit der Unwissenheit
So wie die
Die aus Neugier töten
Ohne die Hoffnung zu kennen.

Die Schatten werden ihr Schweigen bewahren
Und ich zeige Dir alle Gesichter
Der Reihe nach
Wenn wir uns vor dem Spiegel neigen.

Es gibt so viele tote Straßen
Und die vergessene Jugend kämpft
Um ihre Anerkennung.
Es ist so leicht eingebildet zu sein
Leichter noch als Untreue
Und Treulosigkeit heißt oft Einbildung.

Irgendwann mal habe ich die Wellen beobachtet
Du dachtest ich würde schlafen
Die zeitlose Sonne bekräftigte Deinen Verdacht
Wir verkürzen unsere Tage
Um dem Alter zu trotzen
Erkaufen uns Ablässe
Und irren ins Ungewisse ohne Kommentar.

Dies ist das einzig Mögliche
Wirr und aufs kleinste vorbereitet
Die ganze Stadt spielt mit Wasser
Und die Kinder hüllen sich in Cocoons ein.
Die Intellektuellen haben Schlussverkauf.
Das Ganze
Als eine Art Irrtum ansehen
Und sich im Fernsehsessel
Aufs Verdummungsquiz vorbereiten.

Ich bin doch ungeschickt mit der Wahl
Meiner Worte
Und da es jetzt schon wieder graut
Meine ich
Dass wir endlich versuchen sollten
Den Koloss wieder aufzubauen
So wie einst.

Wir hungern nach Bestätigung
Greifbar ist nur die Verachtung
Die Tänzerin auf der Bühne
Ist nicht über Nacht zum Star erkoren.
Zwischen Menschen und Steinen
Gab es einmal viele Unterschiede
Heute gleichen sie sich
Wie verregnete Sonntage.

Sicherlich gibt es irgendwo noch Pflanzen
Der gelähmte Gärtner
Du weißt doch, der, der die Rosen züchtete
Er lässt sich nicht so schnell abschieben.
Und der, der den Tod leugnet
Opfert sich vorbehaltlos
Der Gleichgültigkeit.

Lass uns
Uns
Die Worte bedenken ohne Scheu.

Nacktsein,
Lieben ohne Rechenstab
Und die Schlüssellöcher zumauern.
Lass uns siegen
Über die Farben und die Gipfel
Komm herein zu Tristesse
Um Freiheit zu erlangen
Um Ewigkeit zu spüren
Mit einem Doppelgänger
Oder einem Wort.
Ich habe gelogen als ich behauptete
Dass die Straßenlaterne flackert
Sie ist längst erloschen
So wie alles.

Vergiftete Schönheit

1   Bin so erleichtert nach dieser Nacht
Bin auf einmal vollkommen.
Im wahrsten Sinn vollkommen.
Dort wo die Sonne aufgeht
Gibt es nur noch Asche.
Bin so erleichtert nach dieser Nacht
Und meine Gedanken
Kreisen nicht mehr um die Selbstaufgabe
Endlich reif!
Endlich!
Oder willst Du mir vielleicht widersprechen?
Tu es ohne Hemmungen
Deine Worte sind jetzt
Nur noch Stelzen zur Unterwelt.
Dort wo man den Tod vermutet
Blühen unendlich schöne Blumen.
Bin so erleichtert nach dieser Nacht
Ein Wikinger ohne Schiff
Ein Judas ohne Baum
Ein Noah ohne Arche
Und so vollkommen.
Dort wo man Gebote aufzwingt
Regiert die Unwissenheit.
Gebote sind da, gebrochen zu werden
Es lebe die Anarchie.

2   Die Schönen sind gut
Die Hässlichen sind böse.
Ich möchte schön hässlich sein.

3   Ratschläge verachte ich aufs äußerste
Nur einmal hörte ich aufmerksam zu
Da sagte mir einer:
"Das Vollkommene ist
zwischen den Beinen einer Frau."

4   Besessen vom Bösen
Und glücklich bis in das Unendliche
Keine Hemmungen
Kein Gewissen
Unendlich, Phantastisch.
Den Armen Arschtritte geben
Die Alten umstoßen
Die Frauen als Nutztiere betrachten.
In feine Lokale spucken
Auf offener Straße Haufen legen
Autos mit Nägeln verkratzen
Tiere misshandeln
Ekel sein
Einfach wunderbar Böse
Um das zu genießen
Von dem ich nur träume.

5   Heute ist wieder so eine Nacht
In der ich nicht schlafen kann
Geschweige, an Dich denken.
Es ist so eine Nacht
In der man sich getrost umbringen kann
Ohne Hemmungen zu haben
Dass man es später bereut.

6   Einmal habe ich mit einem Fernglas
Zwei Stunden lang
Die Ziegelsteine auf der Vorderfront
Eines alten Hauses gezählt.
Ein anderes Mal wollte ich
Zwanzigtausend Wellen beobachten
Es dauerte über drei Stunden.
Dann traf ich Dich
Gestern war der sechzigste Tag
Unserer Trennung
Wir schliefen über zweihundert Mal zusammen
Ich kann mich jedoch nur an ein einziges
Mal erinnern
Zum Vergleich jedoch
An all die Ziegelsteine und Wellen.

7   Es war sehr unklug von Dir
Mich so zu behandeln
Du überdimensional dumme
Frau
Du wärst die einzige
Die mich regieren könnte.

8   Immer, immer wieder
Sehe ich Dich vor mir
Beim glücklichen Beisammensein.
Und hier muss ich eingestehen, das gab es!
Immer, immer wieder höre ich Dich sagen :
"Du, es gibt nur Dich."
Und es tut weh
Dich jetzt so fern zu wissen
So fern und so unbeholfen
Und dann dieses:
"Du, es gibt nur Dich."
Und Dein: "Nein"
Es gab Dich einmal

Wie Scheherazade gab es Dich
Wie den Geist der Lampe
Immer, immer wieder
Sehe ich Dich und wiederhole
Du warst mein Lehrer
Und wiederhole und wiederhole
Du bist mein Schüler
Und wiederhole und wiederhole
Es war so schön
Wieso verfallen Menschen
immer ihrer Dummheit.

9   Ich weiß
Dass ich mein Leben lang
Sklave einiger Erinnerungen sein werde
Und da ich nicht gern zum Friseur gehe
Lass ich mir von der Guillotine
Die Haare schneiden.

10   Und dann entschloss ich mich, nach fast
Tausend Jahren zur Erde zurückzukehren.
Ich fand Dich wie immer in unserem Zimmer
Der kleine Tisch, das große Bett und der
Einzige Stuhl. Alles war noch da.
Ich fand Dich wie immer über den Fenster
Gebeugt, auf mich wartend
"Wie dumm sie ist", dachte ich mir
Und ließ als Andenken einen Hauch
Meines Körpergeruchs zurück.

11   Du hast mir fast acht Monate
Von Deinem Leben geschenkt
Heute bist Du fort
Und alte, abgewrackte Idioten

Fassen Dich an und meinen
Du hättest eine große Zukunft vor Dir.
Ich werde Dich nicht um Rückkehr bitten
Wenn Du kommen willst, wird die Tür offen sein
Bedenke aber nur das eine:
Wenn Du Dich jemand anderem gegeben hast
Indem Du an mich dachtest,
Dann bleibe dort, wo Du bist
Eine Judashure
Bei Pharisäern.

12   Wenn ich betrunken bin
Erzähle ich meinen Freunden
Von Dir
Und wie sehr Du mir fehlst.
Ich denke mir wunderschöne Geschichten aus
Tricks, wie ich Dich überlisten kann
Zu mir zurück zu kommen.
Welch ein Glück,
Dass ich selten so betrunken bin.

13   Ich kann mir wirklich nicht vorstellen
Wie Du Dich einem anderen geben kannst.
Komm zu mir, wenn Du Hilfe brauchst
Kannst Du Dich noch erinnern?
Ich war Dein erster Mann
Und nahm Dich mit all der Kunst
Die nötig ist
Möchtegern-Jeanne d'Arcs- zu nehmen
Ich war Dein Lehrer und ich bin nur noch
Irgendein altes Photo.
Du aber stolzierst abends in der Omonia
Und kassierst dreihundert Drachmen
Für jede Rückenlage.

14   Jetzt regnet es mal wieder
Wenn Du hier wärst
Würden wir unsere Regenmäntel nehmen
Um spazieren zu gehen
Du würdest Dich an mich festklammern
Und ich Trottel wäre dabei glücklich.
Wie gut, dass Du nicht da bist
Denn ich hasse den Regen.

15   Früher war ich viel jünger
Früher war ich viel schöner
Früher war ich viel lustiger.
Früher war ich gescheiter
Gesellschaftsfähiger
Früher war ich angesehener.
Früher jedoch
War ich nicht so gut bei den Frauen
Ich möchte nie wieder
So wie früher sein.

16   Einmal hattest Du mich sehr getroffen
"Traumpoeten" nanntest Du mich
Du sagtest, ich würde nie
Das, was ich schreibe, an den Mann bringen
Wie wenn meine Gedichte Kartoffeln wären.
Du sagtest: "Jeder kann schreiben, nur nicht du."
Geliebte
Verzeih, Ex-Geliebte
Ich schreibe nicht, um berühmt zu werden
Ich bewundere Cohen, Jewtuschenko, Wecker
Und all die vielen, die ihre Gefühle in Reimen
Ausdrücken
Ich aber
Der nicht schlafen kann
Der nicht wachen kann
Ich versuche, meine Gedanken festzuhalten
Zwischen Zeilen
Um mein Spiegelbild zu betrachten.

17   Ich gönne mir Heute
Einen ruhigen Abend
Ich lass mich verwöhnen
Indem ich nicht an Dich denke.

18   Verzeih mir
Wir haben ein Jubiläum
Sechzig Tage sind vergangen
Verzeih mir
Wenn ich böse war und ungerecht.
Verzeih mir
Wenn ich Dinge ansprach, die nur uns was angehen.
Komm, lass die Schwalben frei
Komm aus dem Raum
Der unser Gefängnis war
Verzeih mir
Bitte
Und ich werde Dich ein Leben lang huldigen
Du verkommenes Objekt des Hades

Andromedanebel über Ruinen

1   Du nanntest mich
Naiv und durchschnittlich
Und dachtest, Du könntest mir helfen,
Vergiss es!
Versuche nur zu erkennen, was wir sind
Während der Dauer eine Kusses
Oder einer Zigarette
Und wenn Du die Vergangenheit spürst
Erschrick nicht über dein Nacktsein.

2   Vieles sieht anders aus
Wenn man darüber spricht
Und Einsamkeit
Lässt sich nicht mit Tanzen verdrängen
Umschlinge mich
Ich bringe Dir mein Blut
Um Deine Füße zu waschen.

3   Du siehst
Du wirst gesehen
Du fragst
Und schon ist es passiert.
Du liebst
Du wirst geliebt
Du schreist
Und alles ist vorbei.
Du gibst
Dir wird gegeben
Du lachst
Und alles scheint ein Traum.
Du weinst
Du wirst verspottet
Die Einsamkeit ist wieder da.
Sinnlosigkeit, genannt auch Liebe
Geh!

4   Du hattest Angst
Und ich hatte Angst um Dich
Und Du dachtest
Gemeinsam könnten wir die Geister vertreiben.
Irgendwo dort
Habe ich mich verloren
Als mir bewusst wurde
Dass ich es nicht sein kann
Der in deinem Horoskop beschrieben wird.

5   Du willst Leben
Und alles andere ist zweitrangig.
Die Straßen, die Du gehst
Öffnen sich wie Tulpen
Du gehst dem Leben zu.
Wie andere zum Opfertisch
Und schreist, um ungehört zu bleiben:
"Ich bin glücklich!"
Du träumst die ersten Sonnenstrahlen
Ohne Poesie
Und man schaut Dich an
Indem man Dich vergisst.
Du willst Leben
Und alles andere ist zweitrangig.

6   So plötzlich erlosch unsere Liebe
(Wenn es eine war)
Wie ein Streichholz, wenn Du eine
Zigarette anzündest.
Ich denke an früher
Und spüre keinen Schmerz
Nur dass mir alles
Einfach alles
Schlecht inszeniert zu sein scheint
Wenn ich nach vier Jahrhunderten
Als Schneeflocke verkleidet
An Deine Tür klopfe
Dann öffne mir nicht
Bevor ich dir nicht verziehen habe.

7   "Ich verstehe", sagtest Du
Und verlangtest eine Kopfschmerztablette
Die ich natürlich nicht bei mir hatte.
Dann sprachst Du von dem Zifferblatt
Einer Eieruhr, und dass in Hongkong
Eine neue Pizzeria eröffnet wurde.
Du warst über die Eisenbahnverbindungen
Im Süden der USA erbost
Und erklärtest mir, wie man Forellen in Japan isst.
Dann warst Du eingeschnappt, weil Du keinen
Einlass in die Schwulenkneipe fandest.
Ich fragte Dich, wir es dir geht
Du sagtest: "Gut, wieso? Gut geht es mir"
Dann gingst Du wieder
Richtung Irgendwo
Mit dem Sonnenlicht auf Deinen Haaren.

8   Ich möchte einmal
Wieder kommen können
Ohne Gerede von Warum und Wieso
Ich möchte einmal
Dich besuchen
Ohne zuvor über Mondgestein zu stolpern.

9   Du hast einfach noch nicht
Genug geweint
Weil Du noch nie das Meer gesehen hast.
Manche tragen die Liebe wie einen Strauß Blumen
Andere in der Geldbörse.
Öffne dein Fenster kurz nach acht
Und dann kannst Du
Die Hinrichtung live miterleben.

10   Wir hatten uns
Im Park getroffen
In einer Zeit
In der Cowboys nur noch Legende sind.
Auf den Bänken liebten sich die Pärchen
Und Kriegsblinde sammelten Almosen.
Ein Toter bewegte sich im Walzertakt
Und Du fragtest mich über Filme aus.
Die Antwort jedoch ließ uns keinen Spielraum
Die Lichter gingen aus
Der Vorspann begann
Und ich begriff all die
Die ihre Abenteuer in der Badewanne erleben.

11   So wie Du mich fandest
Hast Du mich auch verloren
Und mein Tod ist niemandem vom Nutzen
Außer einigen
Vom Typ Sam Peckinpahs
Zu meinem Begräbnis komm bitte in Weiß
Tanze durch die Straßen wie eine Chinesin
Ich möchte Dich strahlen sehen
Wie die
Die Frohsinn und Schönheit
Als Eins betrachten.
Es ist jetzt Zeit
Schalte den Hauptschalter auf Null
Jetzt kommt unser erster Traum
Joe Dante hat ihn inszeniert
Tierisch.

Jetzt und immer,
ein ewiges Missverständnis

1   Vertrauen heißt das Wort
Das ich schon immer suchte
Rücksicht, das andere.
Wild sind die Berge
Herb die Blumen
Wie verlassen sie doch wirken.
Die wunderbarsten Worte
Wie selten welche
Werden nie ausgesprochen
Somit ist unser Schweigen
Der erste Schritt zum ewigen Glück
Laß mich die Blicke suchen
Zwischen Trümmern
Vertrauen wir der Rücksicht
Und unser Vorhaben ist auserwählt.

2   Der Cellist hatte es Dir angetan
Mir die Sopranistin
Jede graue Insel ängstigt uns
Und im Namen der Morgensonne
Opfere ich Dir meine Liebe.
Siehst Du wie einfach es ist
Grüßen
Bekunden
Verabschieden
.... sie werden hiermit................
.... geladen......................

3   Ingrid geht Richtung Maschine
Humphrey hat den Hut tief im Gesicht
Das - ENDE - ist nicht fern.
Vorausgesetzt, die Bilder ändern sich
Vorausgesetzt, der Baum beginnt zu sprechen
Vorausgesetzt, das Flugzeug wird zum Puppenhaus.
Realitätsfremd
Wie jeder Kuss auf Zelluloid.

4   Und an diesem Tag
An dem Du mich zum ersten Mal
Wie einen Mann gesehen hast
An diesem Tag
Als uns der Widerhall erblindete
Da waren wir
Nur wir.
Es gibt keine Rätsel mehr
Außer der Schöpfung.
Und an diesem Tag
Als ich mich suchte
An diesem Tag
Als die Begierde nichts mehr war
Da waren wir
Der offene Himmel
Mit freien Gedanken
Freien Händen
Freien Entscheidungen.

5   Soeben dachte ich wieder an Dich
Und mein Handeln ängstigt mich
Wir warten auf das Morgen
Mit dem Feuer in der Hand
Das Leben
Gut
Das Mysterium
Auch gut
Das Wunder jedoch
Immer noch unüberblickbar.
Die eine Tänzerin geht mir nicht aus dem Sinn
Ihr Schatten
Und alle Liebesnächte werden wahr.
Selbstmord ist nichts für uns
Loyalität wäre angebrachter.
Erhabene
Du glaubtest, allein zu sein
Dasselbe dachte ich auch
Und als Resultat
Werfen wir die Fehdehandschuhe.

6   Mein Blut hat die Farbe der Sonne
Die Farbe der Liebe und der Freiheit.
Nehmen Sie bitte Platz
Lassen Sie uns das Bündnis schließen
Zwischen Ängsten
Und versuchen, das zu verstehen
Was ich nicht sage.
Ich werde schreien
Damit man nach meinem Tode merkt
Dass ich am Leben war.

7   Elf Türen links
Sieben rechts
Fünf Leuchter
Zwei verschlossene Fenster
Ein undurchdringlicher Gang
Und dann die Wanduhr.
Zwei sprechen miteinander
Viele schauen sich stumm an
Spezialeffekt
Die zehn und die zwölf
Und zwanzig weniger als das zwanzigste
Jahrhundert
Acht Uhr Dreißig
Sonnenfinsternis
Es ist vollbracht
Nichts hindert mich nach Hause zu gehen.

8   Gäbe es nur Dich
Und gäbe es nur mich
Gäbe es schon alles.

9   Halbwahr waren die Worte
Wie die Mühlen
Oder die Lichtreklamen
Es kommt schon unsere Zeit
Der Tag ist schon bestellt
Und den werde ich auskosten
Wie jedes Deiner grauen Haare.
Wie ewig doch die Liebe wirkt
So eine Art Prolog
Oder ein Gelöbnis an die Macht
Wie man es Dir anriet
Damals
Bevor Du meine Existenz kanntest.
Das Licht ist da, um die Dunkelheit zu besiegen
Der Frühling als Wiedergeburt
Und auf den Stufen des Hades
Wächst eine Knospe der Hoffnung
Als sei alles
In Antworten gefasst.

10   Was ist schöner
Der Anblick der Geliebten
Oder
Einmal Gott zu sein.
Die Wiederholungen sind im Gange
Und meine Erinnerungen wandern zurück
Ich verspreche, ein guter Gott zu sein
Hinfällig
Aber behutsam.
Geboren wurde ich hinter Ruinen
Und meine Sprache
War seit je her
Die eines „Überwinders"
Gebt mir viereinhalb Jahre
Und ihr werdet mich nicht wiedererkennen

Wirre Gedanken dem Pathos untergeordnet

Schweig!
Durchleide keine Worte.
In den Dünen ist immer Windstille
Und unser Egoismus reicht nicht
Ständig die Macht zu beanspruchen.

Ist es nicht so,
dass unsere Liebe Gewitter braucht?
Komm näher
schau mir tief in die Augen
und denk an das Meer.
Warum sprichst Du eigentlich nie vom Frieden?

Das Kerzenlicht ist Dein Zuhause
und Du durchwanderst Dein Reich
mit endlosen Kriegslisten.

Oft finden wir uns in der Vergangenheit,
und das Heute ist nur ein Vorbeimarsch.
Nein, sag bitte nichts,
lass mich Dein Photo so betrachten
wie damals, als Du noch weit entfernt.

Gestern wollte ich Dir Blumen kaufen,
einfach so,
doch ich fand keine, die zu Dir passen,
Du brauchst keine Ebenbilder.
Manitu hätte gern solche Krieger

Ich denke gerade
über unseren ersten Abend nach.
Was hattest Du,
das mich so zu Dir zog?

Es gibt zwei Arten, um sich einen Mann
zum Untertan zu machen:
Die Eine ist, zu lassen, wie er ist

die Andere ist, seine Interessen bejahen.
Du hast beide Gaben,
vielleicht bin ich Deiner nicht würdig.

Jeden Tag lerne ich Dich neu
und wenn wir uns fremd wären,
würde ich Dich auf der Straße ansprechen,
denn Du bist mehr als nur eine Frau.

Aus dem Radio höre ich Dein Lieblingslied.
Es ist schon phänomenal
wie Du durch Deine Abwesenheit
dieses Zimmer bewohnst.
Bald kommst Du wieder
und die Zeremonie des Wiedersehens
ist wie das Beenden einer Odyssee.
Du Ewige.
Du stets Neue.

Ich glaube es schneit wieder,
der Schnee war einmal unser Mittler,
weißt Du noch?

Hast Du Dich schon einmal im Schlaf beobachtet?
Wie auch?
Ich möchte es beschreiben:
Wenn Du träumst, erinnere ich mich
an all das, was für mich lebenswert ist.

Ich dagegen träume immer von einem Mohnfeld,
riesig
endlos.
Nur Mohnblumen und dazwischen Du
als Königin oder Göttin,
vielleicht auch nur als ganz normale Frau.
Wähle und bestimme,
und dann regier!

Ein anderer Traum ist es,
in einem Staat, der deinen Namen trägt, zu leben,
in einer Stadt mit deinem Namen,
im Stadtteil mit Deinem Namen
In der Straße.......

Baudelaire war besessen
Rilke genau so.
Erst durch Dich
verstehe ich sie jetzt.

Seit ich Dich kenne
habe ich keine Widersacher.
Und die, die mich verachten,
betteln um Freundschaft.

Ich bedaure nichts
und habe die Kraft
zu Fuß all die Wege zu gehen
die zu Dir führend wieder hier ankommen.

Viele halten sich für geborene Verlierer.
Andere, darunter zähle ich mich,
verlieren Imitationen
um Hochkarätiges zu gewinnen.

In mir ist alles so grau
und nur der Glanz Deiner Augen
erhellt die Finsternis meiner Seele.
Ich erkenne Dich in jeder Frau
wie eine Mohnblume
oder einen Heroinsüchtigen
es gibt nur Dich
sonst gibt es nichts,
die Sonne vielleicht noch
und dann ist Schluss.
Und Du gibst Dich mir hin
mit all Deiner Pracht
und ich kann
dir nur die Ehrlichkeit meines Herzens bieten

bis alles erlischt
und noch darüber hinaus.
Manchmal kommt es mir vor,
dass Du Dich meiner schämst
Du hast ja recht,
Bettler sollen sich vor Königen verstecken
vergiss dabei nicht,
dass Bettler das Königreich verteidigen.
Selbstsicher sein
heißt nicht Alleinherrschaft beanspruchen.

Es gibt Straßen, die nur für Dich da sind.
Genauso wie es für Dich den Frühling gibt.
Es gibt Menschen die kein Nachtbett haben,
andere züchten Tauben auf dem Dach.
Vergiss nicht,
wer kein Brot hat, hat Träume,
wer keine Wärme spürt, hat Hoffnung.
Alles das wird mit den ersten Sonnenstrahlen
sichtbar.
Dein Photo jedoch
Ist immer noch auf meinem Schreibtisch.

Ich glaube, dass ich auf Gott eifersüchtig bin.
Er kann Dich immer sehen,
mir bleibt nur der Rest.

Du gehörst nicht zu den Frauen
die behaupten, Männer hätten kein Gefühl.

Es gibt Tage, die immer da sind
Augenblicke, die alles entscheiden
und als ich nahe der Verzweiflung war
warst du es, die mir die Hand reichte,
warst du es, die mich annahm,
warst du es, die mich hielt.

Du Vollkommene !

V - wie Virtuosin
O - wie Odem
L - wie Leda
L - wie Leben
K - wie Kaptaube
O - wie Oriflamme
M - wie Milchstraße
M - wie Mirabelle
E - wie Erhabene
N - wie Nereide
E - wie Einzige.

Schweig!
Sag bitte nichts.
Vertraue der Liebe
Vertraue der Institution des Pathos.
Träume wirr
Und lebe bewusst.

Irene ist tot

Irene ist tot
Ob körperlich oder in der Phantasie
Irene ist tot
An den Frieden glaubte ich
sehr, sehr lange.
An die Hommage aus Glück und Trauer,
an die stille Sehnsucht
die Sterbliche nie erlangen können.

Gab es eigentlich einen Beginn?
Du warst auf einmal da
und mir war klar,
dass ich diesen Frieden
immer schon kannte.
Ich hatte die Vorstellung
dass Du immer dagewesen sein musst

Manchmal, wenn Du mich fragend ansahst
und keinen Ton sagen konntest
da wusste ich, dass Du ein Meilenstein bist
ein Wendepunkt.

Irene, die Fixierung der Logik
das ist Weiß und das ist Schwarz
dazwischen hatte kein Sandkorn Platz.
Ich wollte die Nadel zu Deinem Kompass sein
und wurde Dein Liebhaber
In einer Schattenwelt.

Stundenlang konnte ich stumm
neben Deinem Körper liegen.
Neureiche, die früher nur Brot und Zwiebel
als Mittagessen hatten
posieren Goldkettenbehangen vor dem Bahnhof
und klagen die Beständigkeit an.

„Ich bin nun mal wie ich bin"
sagtest Du und dachtest nicht daran
dass solche Sätze Kolonien vernichten können
Irene, Du warst der einzige Mensch
der zweimal im Jahr Geburtstag hatte
April und November

Als ich mal meine Liebe eintauschen wollte
sagtest Du lediglich
„ da machst was mit"
und das war für mich das Zeichen
die Atombombe zu zünden.

Wenn die Tage der Folter sich nähern
geht ein Mann an einem einzigen Wort kaputt
und ich fragte Dich, wo Du hinwillst
und Du sagtest: „ zu Dir."
Deine Augen jedoch, Geliebte
Deine Augen sagten mir:
„Ich will allein sein, ich habe Angst."

Ja, das war, was Dich beherrschte Irene
die Angst
die Unklarheit
und der Pakt mit dem Drachen
war lediglich nur für Augenblicke
als dein Mund über meinen Körper streifte.

Du, die das Gefühl der Überlegenheit darstellt
ergibst Dich einer Hierarchie
die, bitte lach nicht jetzt,
aufgezwungen wird.
„Nein, stimmt nicht"
höre ich Dich immer noch sagen
und die Folterknechte von Dachau
posieren für den Photografen
als gebe es ein Preisausschreiben zu gewinnen.

Irene ist tot
und ich muss Cohen zitieren
„Eine Freundschaft zwischen Mann und Frau
die nicht auf Sex gegründet ist, ist entweder
Heuchelei oder Masochismus"

Warst Du, Irene, meine Geliebte
Warst Du meine Frau?
War ich Dein Mann, Dein Freund
Dein Knecht oder Dein Folterer?
Gabst Du mir Deinen Geist
Deinen Körper
oder war lediglich Deine Zunge
eine Sonnenuhr mitten im Atlantik ?

Du warst mein Vorträumer und ich
genoss als Selbstverständlichkeit
die Monotonie Deines Reiches.
Die Klappe fällt, die neue Szene
sitzt fast auf Anhieb.
Der Held trägt die Heldin
Die Heldin schaut ihn erwartungsvoll an
und der lange Filmkuss
wird durch die Kameras aufgezeichnet.

Warum schreit hier niemand „Betrug!"
Warum erheben sich nicht zum Sturm die Meere
warum überfluten die Wassermassen
lediglich nur Pappmaché?

Gib es doch zu, Irene
dass Du mich vermisst.
Gib es doch zu, dass, wenn ich weit fort bin
Deine Kraft nachlässt
und Du zu dem wirst
dem du entkommen möchtest.

Gib es doch zu, Irene
dass du krank wirst
dass Dein Herz poltert
dass Du lieber Bettler anbetteln würdest
bevor Du Dein Herz öffnest.

Ich habe mich so bemüht
die Lektionen der arroganten Aristokratie
vom Schreibtisch aus zu bewältigen.
Geburtshelfer und Totengräber
finden sich am Abend
vor derselben Bar
und trinken auf die Zukunft.
Und als es darauf ankam, Deine Schönheit
einzutauschen
goss ich mir Blausäure über die Hände
und es war so mühelos schön
zu wissen
dass Du um mich wirkliche Tränen
verschwiegen hast.

Hörst Du mir zu, Irene
Ich schweige nicht
Ich schreibe meine Gefühle auf
und die jungen Mädchen gehen stumm
zum Wohltätigkeitsball ohne Schleife im Haar.

Hast Du eigentlich jemals den Geruch
einer verbrannten Liebe gerochen?
Er ist allgegenwärtig
zwischen Kinos und Bahnhöfen
In Karlsruhe
in Pforzheim
in Ulm
in Stuttgart
Zwischen Zitronenbäumen und Sandkästen
Mitten in der Hauptallee
und in der Wasserleitung
neben einer Heuschreckenwolke.
In Deinen Haaren, Irene, ist dieser Duft

Hör bitte auf
sogar nach Deinem Tode
Bataillone von Schmerzen zu versenden.

Hast Du unsere erste Nacht noch in Erinnerung?
- Die Verheißung des Lebens -
nannte ich sie mal
und es ist gut zu wissen
dass Du darauf lediglich ein Achselzucken übrig
hattest.

Weil Du mir Deine Seele ausgeliehen hattest
wollte ich neue Planetensysteme suchen
Kastanienbäume zu Orangenbäumen umzüchten.
„Es wird ein Ende kommen müssen„
sagtest Du mit einer beängstigenden Fremdheit
und erwartetest eine Lösung
die ich parat haben sollte
die aber nie parat sein konnte.

Ich spüre noch Deine Küsse, Irene
jedesmal, wenn ich einen Garten sehe
jedesmal, wenn ich einer Frau begegne
jedesmal, wenn ich atme.

Deine Lippen sind stets mit meinen vereint
als wären wir beide noch unter den Lebenden.

Irene ist tot
und für Dich wollte ich zum Verräter werden
meinen Blutschwur brechen
Theater schließen lassen
Und Vorstellungen für Dich allein abhalten
Keiner hätte sie erkennen können
zweitausendvierhundert, Plätze, alle leer
bis auf Deinen Platz und meinen in der Loge
um Dich zu beobachten
bis kein Verstand mehr begreifen kann.

Ich weiß nicht, ob ich jemals gelogen habe
nicht einmal vor einem Jahrhundert
als ich begann
meine Identität zu suchen.
Irene, du jedoch schleppst Deine Erfahrungen
unter fremden Sternen und nur
weil sie den gleichen Namen trugen.

Am Horizont des Schicksals
wenn Schuld und Handeln definiert werden
mahntest Du ausdrücklich die Tatsache an
dass irgendwo die wahre Liebe existiert
Du jedoch mit den Gegebenheiten zufrieden bist
und das drückte die Arglosigkeit aus!

Immer wieder wurdest Du der Erfahrung ausgeliefert
die Du nicht einordnen konntest
und Angesicht dieser Erfahrung
besser gesagt, dieser Vermutung
dass alles von irgendwoher bestimmt
und unanfechtbar sei
warst Du mir so entfernt wie nie.

Im stillen Kämmerlein jedoch
wenn Du mich als „meine große Liebe" ansprachst
da stimmtest Du mit mir ein:
„Es lebe die Anarchie!"

Irene ist tot
War von Dir so abhängig
und dieses befähigt mich zu leiden
so zu leiden, bis die Frage
nach dem Sinn des Existierens aufkommt.

Alles, was ich schreibe
redet von Dir
Nenn mich Christ oder Sadist
oder nenn mich christlichen Sadisten.

Nenn mich Lehrer oder Schüler
oder lehrenden Schüler.
Nenn mich Mann oder Liebhaber
aber sag niemals Schicksal zu mir.

Bist Du jetzt traurig, Irene?
Empfindest Du etwas in Deinem Dasein?
Schmerz und Freude, sind die da?

Manche gehen Richtung Süden
andere wiederum nach Norden
es gibt aber auch manche, die stehen bleiben
den letzten Rest leertrinken
um die nächste Flasche zu öffnen.
Empfindest Du Durst
oder hast Du lediglich das Empfinden
der Gleichgültigkeit
unter Deiner Zunge.

Eigentlich war es immer so
als Du noch am Leben warst
oder lass es mich es so ausdrücken
wie ich es empfunden habe
als Du mich noch geliebt hast.

Trägst Du noch unter Deiner Zunge
den Geschmack meiner Küsse
Endet Dein verführerischer Blick
beim Untergehen der Abendsonne
Wenn ja, dann bist Du fast am Ziel
meiner geheimen Träume, aber nur fast.

Wenn ich in der Abstellkammer der Gedanken wühle
suche ich nach der Brauchbarkeit
der verschiedenen Horizonte
Und das Wort „Verständnis" taucht immer wieder auf
und „Toleranz"
wie wenn es ein Kochrezept
über unsere Beziehung gäbe.

Als einzig lehrenden Grundsatz lasse ich
nur das Gefühl gelten
Und Gefühl war Dir nicht fremd, Irene
was Dir fehlte, ich muss wieder kritisieren
war, Deine eigene Entfremdung zu erkennen.

Verstehe mich
Ich sehe dies nicht als Fehlleistung an
das Verständnis Deiner Sinne und Gedanken
und die festgeschriebene ethische Gesinnung
haben sich verändert
Du bist jedoch die „Gleiche" geblieben, äußerlich.

Einmal jedoch, kannst Du Dich noch entsinnen?
Erkanntest Du Dein anderes Gesicht
Du erkanntest, dass es kein Tatbestand ist
was scheinbar wichtige Menschen behaupten.
Sondern dass Gerechtigkeit und Rechtsprechung
zwei verschiedene Aspekte des Gerecht seins
darstellen.
Du erkanntest und es erschreckte Dich
gib es zu,
dass das juristisch formulierte
und das existentiell gemeinte Leben
nicht unterschiedlicher sein können.

Wenn ich morgens aufwache, Irene
und den Geschmack des Rotweins
mit Zahnpasta egalisiere
dann spüre ich die Sekunden, die verrinnen
und jede dieser Sekunden ist ein Tropfen
im Ozean meiner Tränen

Dann sehe ich Dich im Winde drehen
umringt von zwei kleinen Engeln
die mit Dir Deinen Lieblingstanz vortragen
Du hattest ein Band in Deinem Haar
das sich durch den Wind
in allen Himmelsrichtungen dreht.

„Was ist das, was man Liebe nennt"
fragtest Du mich
„Was ist das was Dich nicht schlafen lässt"
„Was ist das was in mir so brennt"
und ich wich Dir aus.

Seele und Herz
wechseln lediglich Namen und Gestalt
In meinem letzten Leben, Irene
vermochte ich Dir keine Antwort zu geben
Dieses Leben scheint mir auch so kurz
darum wollen wir noch einmal geboren werden
damit ich Dir im dritten Leben
die Liebe erklären kann.

Ich wache allein auf
Die Gefühle im Banksafe
und weiß, dass wenn ich Dich nach zwei Jahren
wieder treffe
Johanna von Orleans
Maria Stuart
Cleopatra
und Marilyn Monroe
allen einen Abfuhr erteilen werde

Unter meinem Arm jedoch
Zwischen Deinen Lippen und Deinem Haar
werde ich warten
als vollkommener Mann
der ich immer sein wollte.

Dann zünde ich mir
mit einer fahrigen Bewegung eine Zigarette an
und bemerke erst viel später, dass ich Nichtraucher
bin.
Eine Anzahl von Buchstaben stapelte sich
vor meinen Gedanken
und von da an beschloss ich
Dich ein Leben lang zu lieben.

Männer kommen und gehen, Irene
Sie bringen Dir Musik und ihre Herzen
Sie bringen Dir die Sterne
Und versprechen Dir das, was Du hören möchtest
Männer kommen und gehen, Irene
Ihre Sterne hinterlassen lediglich Staub
Und stehlen Dein Herz
Die Männer kommen und gehen, Irene
Und Du erhältst Trinkgelder für die Liebe.
Ozeane werden Dir versprochen
Doch Pfützen sind lediglich das, was Du vorfindest
Mit einem Lächeln kommen sie, Irene
Und Du bleibst mit Deinen Träumen allein

Ich lausche der Stille
Du summtest eine Melodie
war es unsere?
Und ich lauschte weiter und hörte
nur Deine Stimme im Anrufbeantworter
So verkroch ich mich in der Dunkelheit
betrachtete Deine Photos
es ist wahr
dass Liebe keine Regeln braucht
genau so wenig
wie Rosen einen anderen Duft.

Ein übersprungener Tag

Die ersten Sonnenstrahlen
stehlen sich durch die Jalousien
Eine lange Nacht
Endet unverhohlen
Ein kleines Kind weint
Oder ist es nur der Schrei
Eines, der sich eine Injektion verabreicht.
Täuschend sanft sind die Klänge
Die mir anraten, den Tag nicht zu beginnen.

Die oberflächliche Art meines Herzens
Wappnet sich zur Umkehr
Und die Stimme des Kindes
Oder der Schrei des Fixers
Sind nicht mehr zu vernehmen.

Alles ist eins
Oberbürgermeister und Kranführer
Bäckerlehrling oder Staatssekretär
Zivildienstleistender und Hartz IV Empfänger
Moskitos wie Nashörner
Menschen, die beim Friseur sitzen
Oder die, die auf der Sterbebahre liegen
Der, der gerade das Siegestor schießt
Oder der, der von seinem letzen Beischlaf träumt.
Die Farben des Glücks
Sind Farben der Sehnsucht

Die schönsten Utopien enden
Wenn der Versicherungsvertreter vor der Tür steht
Sicherheit geht vor Phantasie
Und ich denke nicht mehr
An die Gesichter der Stadt.

Es gibt keine einfache Antwort
Auf komplizierte Fragen
Und wie jede einfache Antwort, wäre diese falsch.

So, wie die Augen, die sich
In die Seele bohren, um die
Sehnsucht zu erkunden.

Angst war mir immer ein Fremdwort
Und trotzdem mein Wegweiser.
Angst um meinen falschen Heldenruhm.

Vorwärts, ihr Schwachen und Bedürftigen
Vorwärts, ihr Narren
Ich lenke Euch aus sicherer Entfernung
Ins Verderben.

Der Schlaf von Unfähigen
Könnte als Winterschlaf dienen
Und einen Bruchteil von meinem Glück
Spende ich an UNICEF in der Erwartung
Eines Seelenheils.

Es wird Zeit, über uns zu sprechen
Und ich sehe durch eine hell leuchtende Kerze
Verschwommen und fühle mich stolz
Keine Erinnerungen zu haben.

Bin so stolz, stundenlang von Dir
Geträumt zu haben.
Bin so stolz, tagelang auf Dich
Gewartet zu haben.
Bin so stolz, mich im Namen des Wahnsinns
Stolz zu nennen.

Als ich fror, reichtest Du mir Deinen Mantel
Und mir wurde noch kälter.
Als ich hungerte, gabst Du mir zu essen
Und ich wurde hungriger
Im Traum
Erlebe ich alles so unnatürlich intensiv
Da ich nichts nachholen kann.

Den Wendepunkt im Leben
Wo es anfängt, nicht mehr richtig zu laufen
Habe ich längst bemerkt.
Draußen steigt die Sonne auf
Und ich träume mich wieder einmal fort.
Dort weit weg, in dem Ort
Der zeitlos die Anarchie bewacht.
Und beschließe, die Moral zu verteidigen
Die Staatsrichter einem auferlegen

-Die Welt ist männlich – sagtest Du
In der Unwirklichkeit des Zusammenlebens.
Ist das Ende eines Beginns
Ein neues Empfinden ohne Warnung ?
Lass uns die Zeit anhalten
Und sage mir
Ob Du auch so traurig bist wie ich?

Wir haben keine Worte mehr für einander
Und geduldige Umarmungen
Sind lediglich
Die Offenbarung einer Lächerlichkeit

An klaren Tagen
Die es auch gab, hier gebe ich Dir recht
Hatten wir die Leichtigkeit der Schwermut
Auf unserem Banner verewigt
Jetzt
Sind die Tische öde
Die Stühle leer
Die Tränen nicht vertrocknet.
Und wenn Du mich morgen anrufst
Erzähle ich Dir
Von einem übersprungenen Tag.

Telepathische Mitteilungen

Ein Romantiker

Er wird seine Handschuhe nehmen
Ohne sie geht er nie aus
Um sich in einer Kneipe
Einen gemütlichen Platz zu suchen.
Dann überdenkt er seine Fehler
Weint sich nach dem x-ten Bier eine Runde aus
Um seine Handschuhe zu nehmen
Um nach Hause zu seiner Frau zu gehen.
Er nennt sich selbst sentimental
Und glaubt, dass sein Hass
Eine Art Weltanschauung ist.
Er jammert nicht
„Kann ja doch nichts ändern", sagt er
Und vespert abends
Einen Fruchtjogurt mit Zwieback

Ein Überzeugter

Ganz zu Beginn
Warst Du so zurückhaltend
Dass ich fast an einen Fehlgriff dachte.
Jetzt, da ich überzeugt bin
Dass ich Alles wiederholen würde,
Jetzt weiß ich:
Du warst die richtige Frau für mich!
Du hast gelernt
Mir Schmerzen zu bereiten
Was keine zuvor vollbracht hat.

Ein Williger

Du wolltest Grenzen
Jetzt hast Du sie.
Du wolltest Abstand
Jetzt hast Du ihn.
Du wolltest Reichtum
Jetzt hast Du ihn.
Du wolltest Ruhe
Jetzt hast Du sie.
Du wolltest Ehre
Jetzt hast Du sie.
Du wolltest Luxus
Jetzt hast Du ihn.
Du wolltest Liebe
Du hattest sie.

Ein Vergewaltiger

Wenn Du jetzt sterben würdest
Hätte ich nichts einzuwenden
Bring Dich doch um meinetwillen
Vielleicht fühlst Du Dich dann besser.
Heute hat jeder seine Grenzen
Es gibt keine Schwüre mehr
Keine Gebete
Alle Vögel sind am Sterben
Und werden Wasserstoffatome.
Es gab eine Zeit
Da hätte ich den Himmel rot angemalt
Wie gesagt, es gab diese Zeit.

Der Rache zuliebe
Vergewaltigte ich Dich im Traum.

Ein Kleinbürger

Das wahre Existieren
Meint mein Freund der Kleinbürger
Ist das Bürgertum
Und da ich Bürger bin
Muss ich mich anpassen können.
Immer, wenn mein Freund so anfängt
Erzählt er vom Unrecht
Dass dem Dritten Reich
Widerfahren ist.
Er öffnet dann seine Geldbörse
Um das Bild irgendeiner
Witzfigur zu betrachten
Und ist traurig.

Immer, wenn es soweit ist
Schleicht er nach Hause
Um sich eine Zigarette anzuzünden
Und heimlich zu onanieren.

Ein Kirchgänger

Ganz gleich wie es anfängt
Es endet mit Hass
Und ich spüre Deinen Hass
Deinen nichtssagenden Blick
Außer
--Ich hasse dich--
Und ich tat Dir nichts
Nichts weiter, als jeder vor mir
Wieso soll ich vollkommen sein?
Heute ist Sonntag
Ein wirklich schöner Tag!

Ein Frager

Frag nie nach dem Warum
Belasse es, wie es ist
Schau nicht einmal die Wolken fragen
Warum sie so hoch und wir hier unten
Auf die Erlösung warten.
Wir wurden versklavt
Und sehen nur durch Ketten
Die andere, Schmuckstücke nennen.
Frag nie nach dem Warum
Und Du wirst sehen
Die Antwort wird Dich überholen.

Ein Anarchist

Mein Freund, der Anarchist
Schläft grundsätzlich auf dem Boden
Er hasst es
-Traumtänzer- genannt zu werden.
Er isst nur ungeschälte Äpfel
Und trinkt puren Wodka
Echt Gorbatschow, versteht sich.
Über seinem Arbeitsplatz hängen zwei Poster
Das von Fidel Castro neben dem von Veronika
Feldbusch
Seine Freundin Jenny
Darf keine Damenbinden tragen
Sie erinnern ihn an Ketten
Und er möchte frei sein
So frei wie ein Kieselstein im Brunnen.
Abends dann,
Legt er sich auf eine Strohmatte
Auf einem Zwieback kauend
Und spinnt die große Weltrevolution
Mit Reißnägeln

Ein Monroe Fan

Einmal möchte ich
Marylin begegnen
Zwei Tage vor ihrem Tod
Ich würde sie umstimmen wollen
Würde ihr vieles sagen
Um mit ihr in einer Bar zu landen
Einige Whiskys zu schlürfen
Und sie dann ihrem Schicksal zu überlassen.

Ein Krieger

Heute führen wir Krieg
Gegen unsere Feinde
Und morgen verkaufen wir ihnen Waffen
Damit sie sich erholen können.

Heute lieben wir uns
In allen Versionen
Und morgen erinnere ich mich
Nur noch, wie ich eingeschlafen bin.

Heute halten wir uns
Mit Wörtern wie Ketten
Und morgen beuten wir uns aus
Indem wir uns verachten.

Heute ist
Don Quijotes Geburtstag
Und morgen
Jagen wir Windmühlen

Ein Werbefachmann

Was empfinden Sie beim Orgasmus
Hören Sie während dem Geschlechtsakt Musik
Und wenn, Bach oder Mozart
Pink Floyd vielleicht ?
Machen Sie es traditionell
Oder abstrakt ?
Sind sie lieber oben oder unten
Essen sie vielleicht etwas zwischendurch
Halten Sie dabei die Augen offen
Oder beißen Sie an Ihren Fingernägeln.
Was halten Sie
Vom gleichgeschlechtlichen Beischlaf
Kennen Sie ihn?
Machen Sie es mehrmals am Abend
Wie oft im Monat ?
Es gibt Leute, die lesen nebenbei
Sie auch ?
Mögen Sie die Nationalhymne?
Sind Ihnen Kirschen lieber als Aprikosen?
Füllen Sie den beiliegenden Bogen aus
Und wenn Sie unter den ersten zweihundert sind
Schicken wir Ihnen
Zwei Flaschen echten tibetanischen Reiswein.

Ein Sünder

Wenn Du sie haben willst
Nimm sie Dir einfach!
Und ich tat es
Tat es
Tat es nicht!

Ein Advokat

Bald werde ich es satt haben
Von Liebe zu sprechen
Überall Flaggen des Krieges
Unwissenheit
Und Du irgendwo in der Ferne
Schickst mir Mitteilungen
Durch Telepathie.
Ich will mich bemühen
Die Liebe zu töten
Eine Liebe, die nur vom Feuer umhüllt ist.
Ich hörte die Nachtigall
Zum ersten mal in Deinem Zimmer
Steh bitte auf
Ich verschiebe die Hinrichtung.

Ein Handlungsreisender

Reisende soll man ziehen lassen
Geh und schließe die Tür
Wir haben keine Sprache mehr
Nur noch die
Die man in Filmen sieht.
Du wirst gehen
Ich werde mir einen antrinken
Versuchen, eine für die Nacht zu finden
Um am nächsten Morgen
In irgendeinem Bett aufzuwachen.
Geh und vergiss
Die Stunden die ich um Dich weinen werde.

Träume töten ohne Warnung

1
Ist doch merkwürdig, oder
Wir wissen, dass wir uns lieben
Und trotzdem haben wir nicht den Mut
Einander --komm-- zu sagen.

Wie lange ist es her?
Drei Tage oder fünf Jahre
Sind vielleicht nur Stunden vergangen
Die Zeit ist nicht mehr messbar.

Nimm deinen Mantel.
Schwing deinen Schal um
Und lass uns
Richtung Zukunft gehen.

2
Er sagte:
„In vierundzwanzig Stunden hast du alles
Was Du Dir je erträumt hast"
Sie war still
Sprach nur leise seinen Namen.

Er nahm seinen Aktenkoffer
Und sprang mit fremder Hilfe
Aus dem siebten Stock.

3
Und sie bog um Null Uhr acht
Um die zweite Ampel rechts
Während ich die A8 weiter fuhr
Ohne zu wissen, was passiert ist.

4
Ich saß bei einer Tasse Kaffee
Dein Bild betrachtend
Dieses mit der Rose
Und dachte, dass Dich Stefan Zweig gekannt haben
Müsste.

Mittags beim Essen
War mir das Bild schon langweilig
Und ich stellte mir vor
Wie Du jetzt herein kommen würdest
Mit einer Rose in der Hand
Und dachte, dass Dich Knut Hamsun gekannt haben
Müsste.

Am Abend
Wurde mir bewusst: - Wieder ein verlorener Tag. -
Wieder einmal ein Tag ohne Deine Umarmung
Und dachte, dass Dich Prevelakis gekannt haben
Müsste.

Als ich am nächsten Tag
Am Frühstückstisch bei einer Tasse Kaffe saß
War das Bild nicht mehr da.

5
Du hattest wieder einmal
Dein Donnerstagsgesicht auf
Diese Miene, die nur mir
In den letzten sechs Monate gehörte.

Wir sprachen über unsere Zukunft
Wenn es überhaupt eine solche gibt
Und da bemerkte ich
Dass Du genau so verletzbar bist
Wie jede vor Dir.

6
Du hattest um Bedenkzeit gebeten
Und wolltest nach einer Woche
Auf meinen Vorschlag eingehen.
Ich sagte OK.
Wer so viele Jahre warten kann
Wird sieben Tage auch überstehen.

Und die Woche verging
So wie all die Wochen vorher
Und Du sagtest
Ich bin noch nicht so weit
Und wieder sagte ich OK
Und dazwischen
In der Gedenkminute des Wartens
Erlebte ich die Notwendigkeit
Die Flucht zu ergreifen.
Zum ersten Mal in meinem Leben.
Zum ersten Mal.

7
Ich hatte sie mir anders vorgestellt
Nicht so groß
Und etwas rundlicher um die Hüfte.
Jetzt, da sie neben mir saß
Konnte ich auch Ihre sanfte Stimme richtig
Einordnen.

So saßen wir fast drei Stunden
Sie, die ich nur vom Telefon kannte
Und ich mit meinen Versuchen
Das Treffen kurzweilig zu gestalten.
Es ist doch schön
Erfolg bei Frauen zu haben
Dachte ich
Als sie mir zum Abschied einen Kuss gab
Und ich dabei die Erleichterung spürte
Dem Ganzen ein Ende bereitet zu haben.

8
Das Aufstehen ist idiotisch
Das Lesen der Zeitung ist idiotisch
Frühstücken find ich idiotisch
An die Frau die man liebt, - denken – idiotisch
Träumen ist idiotisch
Suchen......idiotisch.

Das ganze Gerede vom Frieden ist idiotisch
Bürgerinitiativen find ich idiotisch
Zucker im Kaffee, idiotisch
Ein Kuss? Idiotisch!

An Dich denken, bis Kopfschmerzen kommen,
Idiotisch!
Sehnsucht nach Dir spüren ist idiotisch

Ich bin so gern ein Idiot.

9
Alles schon mal gehört.
Politik
Menüs mit acht Gängen
Liebe
Alles schon mal gehört.

Hunger in der Welt
Liebesnächte ohne Ende
Hinrichtungen auf dem elektrischen Stuhl
Alles schon mal gehört.

Rolling Stones und Herbert Grönemeyer
Ausflugsdampfer auf der Saar
Labyrinth von Knossos.
Alles schon mal gehört.
Es langweilt mich.

10
Weißt Du, sagte sie
Während sie sich fürs Kino ankleidete:
Du trägst die falschen Klamotten.
Spencer und Jacquard Pullover sind -in-
Heute trägt man free style
Und weite, gekreppte Sommerhemden.

Weißt Du, sagte sie
Während sie sich immer noch zurechtmachte
Dein Rasierwasser ist matt
Heute hat man Lacoste Duft
Oder Karl Lagerfeld
Na ja, Boss als Alternative.

Weißt Du, sagte sie
Und sie betrachtete sich vor dem Spiegel
Ich versuche dir etwas Jung sein zu vermitteln
Doch du schließt alles aus.
Weißt Du, es macht keinen Spaß mehr mit dir.
Ich möchte wieder einmal asiatisch essen gehen
Oregano-Gerüche wahrnehmen
Ofenfrische Pizzen serviert bekommen
Und die neue Galerie besuchen.

Und dann öffnete sich die Wartezimmertür
Und die Sprechstundenhilfe sagte:
"Der nächste bitte."

11
Lass uns zu Fuß nach Frankreich laufen
Lass uns nach Afrika oder Australien gehen
Nur Du und ich.
Und zwischen Bochum und Gelsenkirchen
Wechseln wir die Spur
Fahren Richtung Saarbrücken
Um Deine Schminktasche zu holen.

12

Ich legte mich ins Bett und sagte, ich bin müde.
Während Du noch den Krimi sehen wolltest
Du hast mich zugedeckt
Gabst mir einen Gutenachtkuss
Und ich wusste, irgendetwas stimmt nicht.

Ich fragte Dich, ob etwas wäre
Du sagtest: „nein"
Und Dein Blick ging Richtung Fernseher.

Am nächsten Morgen, war es wie immer,
Stand leise auf, um Dich nicht zu wecken
Du lagst da im Bett, halb bedeckt.

Am Abend
Warst Du nicht mehr da.
Im Abschiedsbrief stand lediglich:
„Tschüss, mach's gut....
...in der obersten Nachttischschublade findest Du
Die Reste deiner Gefühle."

13.

Zum hundertsten Mal
Las ich Deinen Brief vom letzten Donnerstag.
Und eine Passage werde ich nicht vergessen.
Da hast Du geschrieben:
Weißt du, was ich morgen meiner Kollegin sage?
Ich werde sagen:
„Ich werde diesen phantastischen Mann wieder
sehen und werde ihn dann vergewaltigen!"
(Ob er will oder nicht)

Leg den Hörer auf und komm.

14.
Hast Du es Dir so vorgestellt?
Aufstehen
Frühstücken
Jeder in sein Auto
Arbeiten
Nach Hause kommen
Abendessen
Schlafengehen.

Hast Du es Dir so vorgestellt?
" Der neue Scorsese läuft im Rex"
" Kein Interesse"
" Gehen wir heute chinesisch essen?"
" Kein Interesse"
" Kommst Du mit zum Fußball?"
" Kein Interesse"

Hast Du es Dir so vorgestellt?
" Der Mülleimer ist voll!"
" Der Haken an der Wand ist los!"
" Das Küchenfenster muss man streichen!"

Hast Du es Dir so vorgestellt?
Sich anfassen
Kleidung schön säuberlich über den Stuhl
Drei heiße Küsse
Heftige Energiestöße
Ausatmen
Fragen, ob der andere fertig ist
Aufstehen.

Hast Du es Dir so vorgestellt?
Hast Du es?

15.
Es gibt die, die meinen
So zu sein, wie wir sind.
Und es gibt die, die versuchen
So zu sein, wie wir waren.
Wie töricht, nicht wahr.
Und wir erhaben über alles,
Wie die Drei aus dem Morgenland.

Es gibt gewisse Momente
Und da glaube ich
Dass ich mit Dir alles tun könnte.
Und dann wiederum
Merke ich, dass ich mich völlig
Deinem Willen unterwerfen würde.
Wir sind uns einig
Dass es die Ewigkeit nicht gibt
Aber sind es nicht die heimlichen Stunden
Die uns soviel bedeuten?

Als ich das erste Mal mit Dir schlief
Da war es, wie wenn ich ein Kapitel
Abhaken würde.
Kannst Du unter dem Begriff
Vier Komma zwei was anfangen?
Eines vorweg,
In dem Komma zwei bist Du!

Komm näher, sei nicht scheu
Und wenn Du Dir nicht sicher bist
Gibt es zwei Möglichkeiten:
Entweder wir vergessen Alles und Alle
Oder wir bleiben weiterhin
Sklaven der Intoleranz.
Jetzt bist Du dran.

Uns bleiben die Minuten am Telefon.
Man kann sie nicht leugnen
Genauso wie die Besuche in F.
Ich liebe F.

Fast wie ich Dich liebe
Dich, die ich vielleicht nie haben
Aber der ich ein Leben lang huldigen werde.

Ich schließe die Augen und sehe Dich
Und immer muss ich daran denken
Wie schön Du bist
Wie abgöttisch schön.
Zum Verbieten schön.

Und dann sehe ich Dich im Traum
Wie Du auf mich wartest
Und male es mir so plastisch vor,
Dass es weh tut, wenn ich den Hörer auflege.
Ich sehe Dich auf mich wartend.
Leonard Cohen ist zu hören
Dann erschreckst Du die Welt.
Sagst: „Scheiß die Wand an"
Und die Romantik stirbt.

Immer, immer wieder warte ich auf Dich
Und dieses Warten wird zur Entfaltung
Die Minuten zum offenen Wort
Und Du kommst
Mit fünf Spangen
Als hättest Du alle Kontinente in Deinen Haaren
Verstehst Du mich jetzt?

Du atmest dieselbe Luft
Und meine Tage und Nächte
Sind zu Deinen Sklaven geworden
Deine Schönheit beherrscht alles.

Hoffnungen sind stets erfolglos
Und Träume töten ohne Warnung.

Ich bin unsagbar müde
Zu müde, um gegen Windmühlen zu kämpfen
Aber jederzeit bereit
Dein zu sein.

Gebete

1
Man hat uns das Fürchten gelehrt
Genau so wie das Schreiben
Damit sie mit uns
All die kleinen Spiele treiben können
Die am Rasierpinsel haften
Wie das Lächeln der Mona-Lisa

2
Einsam durch verregnete Straßen gehen
Keinen Laut vernehmen
Außer
Wenn irgendein Mülleimer umgeworfen wird
Und denken
Jetzt bin ich ein Herrscher!
So und nicht anders
Muss sich S. L. gefühlt haben
Als sie sich kopfüber
In den Neckar stürzte.

3
Ich fürchte mich
Und gebe es offen zu
Ich fürchte mich von dem Tag
Wenn Du nicht mehr hier bist.
Und es ist wie ein leises Sterben
Ohne Klageweiber.
Derjenige, der eine Liebe tötet
Sollte vorbehaltlos
Von dem Tag an
Als Spinne leben.

4

Fahren verboten
Betreten verboten
Lärm verboten
Baden verboten
Sprechen verboten
Lieben verboten
Lachen verboten
Leben verboten
Morden erlaubt
Stehlen genehmigt
Unzucht erwünscht
Weinen empfohlen
Kranksein bewundert
Sterben
Sterben
Sterben.

5

Du bist so zärtlich wie eine Wolke
Und so aufbrausend wie ein Orkan
Bleib wie Du bist
Und die Menschheit existiert
Nur um Dir zu dienen.

6

Wenn Du mich manchmal
Aus der Tiefe Deiner Seele anschaust
Empfinde ich das Gefühl
Das Julia spürte
Als sie das Gift nahm

7

Die Liebe beginnt dort
Wo der Egoismus endet.

8
Selbstgespräch :
Na, siehst du, da ist er
Die einzige Größe, der Mensch
Der alle gute Eigenschaften besitzt.
Schau ihn an, diesen Burschen
Schön, intelligent, stark, mutig.
Schau ihn doch nur genauer an
Merk dir seine feinen und ausgeprägten Züge
Bewundere seine Ausstrahlung
Habe ich zuviel gesprochen
Ist er nicht wahrhaftig das
Was Frauen genauso
Wie Generäle bewundern.
Hoch lebe der letzte Supermann
Oder
Halts Maul, du Arschloch

9
Du bist schon so viel Frau
Dass Du mich dazu gebracht hast
Dir zu dienen
Und trotzdem das Gefühl zu haben
Dein König zu sein.

10
Ich möchte Dir ein Gedicht widmen
Eins, das Jahrhunderte überlebt
Unsere Nachkommen sollen es
In Lesebüchern vorfinden
Troubadoure sollen davon singen.
Ich möchte Dir ein Denkmal
Aus Buchstaben setzen
Um Deine Herrlichkeit zu preisen
---- Ich liebe Dich ----

Zweite Natur

1
Manche Städte und manche Planeten
Manche Wände
Und manche Frauen
Verstecken sich hinter den Sonnenstrahlen
Den Träumen zu trotzen.
Dann gehst Du
Du, die ich noch nicht entdeckt
Und bekämpfst die Schatten
Dein Lächeln wird zum Kampf
"Vertrauen gegen Vertrauen" rufst Du
Und die Krieger
Sind nur noch in ihren Gräbern

2
Eine indirekte Antwort :
"Nur der, der liebt
Darf auch hassen"

3
Sehnlichst, so wie Hera
Als Herbstwiese
Oder
Sehnlichst, so wie Du
Als nicht objektiv Urteilende
Sehnlichst, so wie Neptun
Im Sommerwind
Oder
Sehnlichst, so wie ich
Nachdenklich.

4
Tage, die enden ohne Ablauf
Nächte, die da sind von allein
Worte, die gesagt sind, unwiderruflich
Gefühle, auf die man tritt.

Winde, die schäumen durch die Äste
Vögel, die wirren, ohne Groll
Frauen die töten, ohne Zukunft
Gefühle, auf die man tritt.

Narren die lachen, ohne Drehbuch
Könige gerecht, ganz ohne Volk
Irrtümer begangen, wie andere Kinder
Gefühle, auf die man tritt.

Atmen ohne Morgenfeuer
Cafés, gefüllt vom Menschenheer
Tänzer im Zweifel gegen alle
Gefühle, auf die man tritt.

5
Ich wachte auf und sah mich tot
Gib mir eine Chance, sagte ich
Doch ich atmete schon nicht mehr
Und da begann ich zu weinen
Um Euch.

Ich wachte auf und sah mich tot
So, wie mich die anderen sehen
Matt und müde
Beraubt um alles
Was mich bewegte zu leben.
Ich wachte auf

6
Sich so geben
Um gegeben worden zu sein
Grammatikalisch falsch
Doch wie wahr.

7
Ich möchte das Leben nicht versäumen
Die Schneeflocken jagen
Mit jungen Hunden albern
Dich mit Reichtümern vergleichen
Und keinen Unterschied finden

Ich möchte das Leben nicht versäumen
Gullivers Reisen nachvollziehen
Mit Windmühlen um die Wette raufen
Dich im Nebenzimmer wissen
Und Heimweh nach Dir spüren.

Ich möchte das Leben nicht versäumen
Unter meinen Lidern die Kronjuwelen tragen
Kindern das Kasperle vorspielen
Dich so spüren
Dass Dein Herzschlag meiner wird.

Ich möchte das Leben nicht versäumen
Kämpfen dort, wo Arglist herrscht
Umarmen die, die mit Gewehren nach mir zielen
Dir, vereint mit dem Abendhimmel
Meine Geheimnisse offenbaren.

8

Fest steht, dass ich Dich beneide
Wie den Saturn
Und vielleicht ein bisschen mehr.
So den Feen gleich
Wie ein Taifun
Lach nicht
Dein Requiem ist noch unvollendet.
Genug jetzt mit der Arroganz
Lass mich noch einmal beginnen
Als wäre die Welt noch nicht entdeckt.

Fest steht, dass ich Dich beneide
Sei es vor meiner Geburt
Oder jetzt.

Leblose leben nur von Almosen.
Fest steht, dass ich Dich beneide
Und das ist auch das Einzige
Vor verschlossenen Türen oder vor Wüsten

Du bist das Modell
Mein Modell
Meine Hände sind so leer
Wie die vereisten Berge
Nicht die Kraft ist es, die mich bewohnt
Sondern die Neugier.

9
Die Straßen sind immer verschneit
Unsere Welt besteht nur aus Fragen
Licht und Dunkelheit als Märchenfiguren.
Unsere Städte erwachen um Mitternacht.
So viele Träume
So viele Blumen in den Gärten
Als sei alles gestellt.
Warum verbirgst Du Deine Sinne
Besser gesagt
Warum lässt Du Deine Sinne nicht frei?
Wenn man mich einmal nach Dir fragt
In zehn Jahren oder wann auch immer
Dann werde ich ihnen antworten:
"Blättert zurück ins Jahr Null"

10
Sei es, als wären die Worte unentdeckt
Sei es, als wäre der Mond noch unbewohnt
Sei es, als wären die Zwischenräume leer
Sei es, als schliefest Du noch in den Gärten
Sei es, als wäre die Landschaft wie mein Blut
Sei es, als wäre die Inbrunst mein Wegweiser
Sei es, als wären die Hochmütigen jetzt Bettler
Sei es, als wäre der Brunnen meine Kindheit
Sei es, als senkte sich mein Kopf durch Gewalt
Sei es, als wäre das Nichtsterben eine Zier
Sei es, als gingen die Exzellenzen auf Stelzen
Sei es, als wäre jeder noch so frei wie ich
Sei es, als wären meine Worte Wiederholungen
Sei es, als wären die Sommernächte zu Ende
Sei es, so wie ich es wünsche
Sei es

11
Mein schönstes Gedicht
Ob geschrieben oder in der Galaxie
Schenke ich Dir
Meine ganze Liebe
Ob offenbart oder noch in der Quelle
Gebe ich Dir
Meine Seele
Ob in der Küste oder beim Echo
Gehört nur Dir

Furchtbar die Klarheit
Furchtbar, so viel zu wissen
Und zum Schweigen verurteilt zu sein.

Alles spiegelt sich in der Unschuld
Männer und Frauen werden
Von Männern und Frauen gefoltert.
Mein schönstes Gedicht
Werde ich erst dann vollenden
Wenn ich das einzig Unentdeckte finde.

12
Der erstgeborene Mensch
Löscht die Sonne
Und auf dem Diagramm der Schöpfung
Sind die Eingänge rot angekreuzt.
Hier herrscht die Finsternis
Dort Korallen.
Seconde nature
Würden Dich die Franzosen nennen
Ich müsste mich wiederholen
Immer
Immer
Immer wieder
Schaue ich Dich an
Und das Leben wird zum Schrei.

Mit meinen Augen

Ein Hauch von Wind wehte durch das Fenster, als ich den Anruf bekam. "Ich bin's", sagte sie mit einem Tonfall, den ich noch nie zuvor von ihr gehört hatte. "Hörst. Du, ich bin's".
Ich drückte auf die Aus-Taste des Apparats und wartete, bis der Widerhall dieser Worte erlosch. Als ich das Telefon wieder zusammen klappte, sah ich auf dem Display ihre Nummer langsam verschwinden. Ich stellte das Gerät auf den Beistelltisch der Couchgarnitur, die sie vor einem knappen Jahr selber ausgesucht hatte und schaltete die Mute-Taste des Fernsehers wieder an, die ich gleichzeitig mit der Annahme des Telefonats gedrückt hatte. In diesem Moment wurde Werbung eingeblendet, und die aufkommende Musik war viel lauter als der Film zuvor.

Das Glas vor mir war leer, die Colaflasche stand daneben, und ich goss mir ein volles Glas ein und trank es in einem Zug aus. Einige Tropfen rollten mir die Mundwinkel herunter. Mein Blick streifte die Digitaluhr des DVD-Recorders. Auf den grün leuchtenden Ziffern war 23:18 Uhr zu lesen. In dieser Sekunde sprang die Uhr auf 23:19. Aus dem noch offenen Wohnzimmerfenster hörte ich, wie ein Auto immer näher kam, kurz anhielt und sich nach wenigen Sekunden wieder entfernte.

Es war für einen Freitagabend verhältnismäßig ruhig auf der Straße, die sonst auch an normalen Wochentagen sehr belebt ist. Der Lärm hatte mir eigentlich nie was ausgemacht, auch nicht damals vor drei Jahren, als wir hier eingezogen sind. Inzwischen ist er zur Normalität und der Lärm der Straße ist zu einem Lebenszeichen der Stadt geworden.

Mit meinen Augen gesehen war ich immer der, der von ihr erwählt werden sollte. Ich wollte dass Sie ein Zeichen setzt und in mir den Mittelpunkt ihres Lebens sieht. Und als die Ungeduld immer größer wurde, war es für mich nur ein Bekenntnis ihres Unentschlossenseins. Manchmal war ich sogar der Meinung, dass nur ich ihre Schönheit entfalten kann. Sie würde älter werden, ich würde älter werden, die Gebäude, die Straßen würden älter werden und nur ich allein könnte das Siegel der Erleuchtung anbringen. Der Erleuchtung, dass es in dieser Straße, in dieser Stadt, in diesem Land nur zwei Menschen gibt, die dem Elend der Langenweile Paroli bieten können.
Der Ton aus dem Fernseher wurde wieder etwas leiser. Nicholas Cage hatte gerade seine Filmpartnerin geküsst, und in dem Abspann vermischten sich blaurote Buchstaben mit dem dunklen Hintergrund.

Mit meinen Augen gesehen war ich der einzige Kritiker ihrer Ausschweifungen. Dazu zählte ich jede Minute, die sie ohne mich verbrachte.
„ Meine Großmutter, lebte noch in einem Bergdorf „ sagte sie und glaubte damit eine Entschuldigung zu finden, die jedoch wie eine Nadel auf einer Schallplatte nicht die richtige Rille findet.
Eifersucht war immer eine meiner großen Schwächen. In einem einsamen Tisch mit einsamen Bechern suchte ich Trost und bestärkte mein Empfinden, dass ich Dir zu Ehren die Sklaverei wieder aufleben lasse.
Offen gestanden glaube ich nur an die Bestimmung des Herzens. Diese Macht, die analog der eines Despoten, Daumen hoch, Daumen runter, das Lebensschicksal bestimmt.

Meine Augen gewöhnten sich an die Dunkelheit, da der Fernseher jetzt ausgeschaltet war und nirgendwo ein Licht den Raum überflutete. Ich war in einer Art Wachtraum. Selten gelingen Befreiungsschläge ohne nennenswerte Hindernisse. Sie war weit weg, ich war da und machtlos, die Sonne noch sechs Stunden entfernt und die Lichter von Paris leuchteten für Andere.

Wie gern würde ich jetzt mit Regentropfen, roten Regentropfen die Vorderfront einer Einkaufspassage bemalen. Wie gern würde ich Schmetterlinge in Herzform durch die Luft fliegen sehen, doch ich bin so unsichtbar und lediglich Untote können mich erahnen. Wahrnehmbar bin ich nur für die Verdammten.

Mit meinen Augen gesehen dauerte unsere Melodie lediglich drei Jahre. Es war eine Melodie mit einem Rhythmus zwischen Vivaldi und Rachmaninow.

Nein, nein, ich klage nicht die Vollkommenheit an. Diese hatte sich in der Zeit unseres Zusammenseins von der Poesie der Herzen verabschiedet. Sie hielt Hofstaat in zugigen Bahnhofshallen und rauchigen Vorstadtkneipen.

„Heute zu Ihren Diensten„ oder „Verzettle Dich nicht„ sagtest Du genau vor einem Monat an dem Tag als wir beschlossen, dass unsere Liebe nur dann Bestand hätte, wenn wir uns exakt 30 Tage nicht sehen, sprechen oder sonst miteinander kommunizieren.

Und dann..... rief sie an und es war wie das Zünden einer Zeitbombe. Sie hätte noch 42 Minuten warten können, nein sie rief an und die Explosion erfasste Spione und Verräter, Zeitungsverkäufer und Büroangestellte, Aushilfskräfte bei McDonalds wie auch Jungfrauen. Das Schlachtfeld war der Umkleideraum der Einbildungskraft.

Ich wusste, dass es vorbei war. Die Tage enden, Kriege enden, Menschenleben enden, warum soll auch eine Liebschaft nicht enden.

Ein klitzekleiner Schimmer des Morgens ist zu sehen. Meine Augen sind verschleiert, aber ich erkenne die gelbrötlichen Strahlen der Sonne und es gibt fast nichts mehr, was ich wissen will, was ich erfahren möchte.

So süß war der Duft ihrer Haare, und ich lausche nach meinem Puls, um zu erkennen, ob es noch einen Sinn gibt, die Erinnerungen an Sie zu huldigen.

Ich habe ihr Ideal missbraucht, ihre Empfindungen destilliert.

Der Verkehr nimmt an Lautstärke zu, das Zimmer wird heller, meine Augen müder und ich vernehme aus der Entfernung lediglich die Worte: „Ich bin's, hörst du mich ... ich bin's".

So entstehen Gedichte

So entstehen Gedichte
Die Einsamkeit umarmt Dich
Der Schmerz führt deine Hand
Worte werden geboren.
Du betrachtest dich schlafend und
Bemerkst nicht, dass dein anderes Ich
Den Körper verlässt.
Gerade an diesem Ort
Gerade an diesem Abend.
Lass uns Seele dazu sagen
Das, was eine Partnerschaft sucht
Die es im realen Leben nicht
Suchen kann, suchen darf.
Man kann nur das vermissen
Was man besessen hat.
Meine Seele jedoch vermisst Deine
Wenn die Realität keinen Raum bietet.
Muss man in dieser Zwischenwelt
Eine Erlösung finden?

Die Einlösung dieses stummen Versprechens
Wenn wir uns anschauen oder
Belangloses belanglos aussehen lassen wollen.
Wir stellen uns Fragen die wir nicht
Beantworten können.
Wie viele Blätter hat der Baum?
Wie viele Atemzüge sind vergangen
Seit wir uns gesehen haben?
Wie viele Menschen haben blaugrüne Augen?
Und wie viele Frauen rote Kleider tragen.
Tausend Fragen, um immer wieder
Eine und dieselbe Antwort zu erhalten.
Ja, ich bin lautlos
Auch hier zwischen Mitternacht und Erwachen.
Heißt das Seelenverwandtschaft?
Wenn allein die kleinste Berührung einen

Wahnsinnig macht?
Manchmal denke ich, wir zwei
Sind in einem Körper, und wenn
Das so ist, beginne ich mich zu beneiden.
Dieser Aufenthalt in der flüchtigen Zweisamkeit
Sekundenkurz.
Und manchmal dauerhafter als ein ganzes Leben.

Dann fragst Du mich, was ich gerade denke.
Ich sage, an nichts. Du sagst dann Worte wie
Vertrauen, Respekt, Essen, Sympathie und Rot.
Worte die keine Bedeutung zu haben scheinen und
doch
Dich in allein Einzelheiten beschreiben.

Deine Schönheit ist Dir sehr bewusst
Jede Geste, jeder Schritt, jede Bewegung
Und nicht einmal Nadeln in Deinen Haaren
Können die Vollkommenheit stören.
Ein wolkenreiches Abendrot strahlt
Und gebärt andere Wahrheiten.
Das sind Augenblicke
In denen man sich umbringen möchte
Um wie Du, neu geboren zu werden.
Nach Dir beginnt mein Leben
Weil es ein Leben mit Dir nicht geben darf.
Tausend Sterne und ich allein
Und die Jahre zerfließen
Wie Farben im Wasser.
Ich vergaß, dass es draußen dunkelt
Gedanken an süße, zauberhaft süße Sünden
Lassen mich nicht ruhen.
Kann verliebt sein Sünde sein?
Seele und Körper, das ewige Suchen.

Wenn es Dich friert
Und Du ein Kleidungsstück suchst
Bedecke Dich bitte mit meiner Liebe
Als letzte Rettung vor dem 3. Weltkrieg.

Halt ein!
Hörst Du diese andere Stille?
Ist das der Vollmond?
Menschen treffen sich in Menschengestalt
Wieso treffe ich einen Gott?
Und bevor die Nacht dem Tage weicht
Bevor wir wieder erwachen und bevor
Jeder den anderen nicht erkennt
Möchte ich Dir sagen,
Dass jeder Schatten Deinem ähnelt
Jeder Windhauch deinen Namen summt
Jede Farbe Dich enthält
Jeder See Dich widerspiegelt.
Wenn Du meinen Namen nicht aussprechen
möchtest
Sprich irgendetwas aus
Will dich reden hören
Will durch den Klang Deiner Stimme
Verwöhnt werden.
Sei bitte nicht unfair
Zwinge mich nicht
Das Zwiegespräch mit dem
Gewissen aufzunehmen.
Und so entstehen Gedichte
Die Einsamkeit umarmt dich
Der Schmerz führt deine Hand
Worte werden geboren.

Willkommen bei mir

1

Es ist nicht der Schnee
Der mich zum Verräter macht
Es sind auch nicht Deine Tränen.
Es sind nicht die Worte
Die mich töten
Auch nicht die Vorhaltungen
Es ist einfach so, dass ich mir
Verbraucht vorkomme
Und nur dazu lebe
Um Andere mit in den Abgrund zu ziehen.
Reich mir bitte Deine Hand
Und dann wirst Du erkennen
Dass ich nie müde war
Deine Schönheit zu preisen.
Es ist nicht der Schnee.

2

Sprich nicht von Liebe
Sprich nichts aus was es nicht geben kann
Wir sind alt genug
Um nicht von Rosengärten zu träumen.
Sprich nicht von Liebe
Es schmerzt, wenn Menschen darüber sprechen
Die einem irgendwie nahe stehen
Wenn Du gern bei mir bist
Dann sag es ohne Phrasen.
Sprich nicht von Liebe
Weil Sie es für mich nicht mehr gibt
Vielleicht früher Mal
Vielleicht
Doch ich habe sie verbraucht, an Unwürdige.
Sprich nicht von Liebe
Und wenn doch
Dann zu einem anderen.

3

Wenn ich nachts
Durch die Straßen meiner Stadt gehe
Frage ich mich
Wie viele Frauen gerade jetzt
Auf ihre Männer warten.
Und wie viele dieser Frauen
Immer auf ihre Männer warten werden.
Ich freue mich
Dass Du nicht so bist wie all die Frauen
Die sich lediglich als
Zweite Garnitur verstehen.

4

"Immer wenn du mit mir geschlafen hast
Meinst Du, Du könntest mich regieren."
So waren einmal Deine Worte.
Versuch aber einmal in den Spiegel zu sehen
Und vielleicht erkennst Du
Wie viel Überwindung nötig ist
Um mit Dir ins Bett zu gehen.

5

Der Herbst ist wieder einmal da
Und es braucht viel Überwindung
Nicht den Entschluss zu fassen
Einfach abzuhauen.
Dort wo es nur noch Licht gibt.
Immer im Herbst
Erinnere ich mich an Dich
Die zu mir sagte:
"Es gibt die Notwendigkeit des Existierens"
Bis heute habe ich Dich nicht verstanden
Und ich gehe durch die Straßen
Wie ein Todeskandidat zur Guillotine.

6

Da bist Du nun wieder
Viel schöner und viel reizvoller als früher.
Wie lange ist es her?
Fünf Jahre?
Nein, vier Jahre und acht Monate
Fast auf den Tag genau.
Man sieht Dir die Zeit nicht an
Du siehst nur mehr nach Frau aus.
Wie es mir geht?
Gut, ja eigentlich geht es mir gut, so wie früher
Sagen wir mal, fast wie früher.

Alleinsein ist die härteste Strafe
Für so einen wie mich.
Ich erinnere mich an Deinen Satz:
"Weißt Du, dass wenn ich Dich sehe
immer auf neue geboren werde?"
Wie bitte, dem Hund?
Er ist schon seit über zwei Jahren tot.
Ich glaube er hat
Bis zu seinem letzten Tag auf Dich gewartet.
Hunde können warten.
Entschuldige, ich möchte Dich nicht aufhalten
Verzeih
Die dummen Sprüche
Und danke für die Vergangenheit
Tschüs macht's gut
Ja ich melde mich bestimmt mal.
Tschüs, danke, tschüs.

7

Versuch mich nicht zu halten
Denn sonst
Verlierst Du mich für immer.

8

Die Kristalle der Angst
Hast Du für eine Ewigkeit verbannt
Es gibt Menschen, die lesen Bücher
Andere sind Bücher
Andere wiederum sind so viel Buch
Dass sie nicht mehr lesen können
Irgendwann werde ich Dir das Buch reichen
In dem nur ein Wort steht.

9

Einsame Menschen
Sterben in einsamen Nächten
Den einsamen Tod.

10

Willkommen bei mir
Ob es Dir genehm ist oder nicht
Nun bin ich an die Reihe
Und glaub mir, ich kann hassen.
Durch die Gefilde der Unwissenheit
Entkommt kein Novize
Und eine künstliche Zuneigung
Bleibt immer künstlich.
Willkommen bei mir
Jetzt kann Dir nichts mehr helfen
Geschweige denn
Dass Du jetzt
Deine Weiblichkeit offen trägst.
Die Zeit der Erklärungen ist vorbei
Und in der Rangordnung der Huren
Stehst Du an erster Stelle.
Willkommen bei mir.

Die Nacht, die 24 Stunden hatte

1
Ich möchte uns begrüßen
Der Schein trügt
Denn ich stehe noch aufrecht
Wie der ewige Soldat.

Guten Tag !
Lasst mich zu Buchstaben werden
Um das Gedachte zu beleben.

Reicht mir die Krücken
Der Unbefangenheit.
Nehmt mir das Bürgerliche
Und lasst mir mein Anarchistengesicht.

2.
Du bevölkerst die Angst
Mit riesigen Bambusstöcken
Sagtest Du etwas von Treue?

Verachten werde ich niemanden
Auch wenn er mit dem Reiseführer
Über NS-Methoden diskutiert.

Siehst Du den Unterschied
Du warst, nicht mehr da, als ich kam
Und als Du zurückkehrtest
War unsichtbar mein Elixier.

3.
Seit drei Tagen streiten wir uns
Und der Grund ist längst vergessen.
Dann durchkreuzten wir die Hauptallee
Und Du fragtest: "Kennst du noch diesen Baum"?
Und da begann ich zu altern.

4.
Die Kunst
In welcher Form auch immer
Ist heilig und unantastbar
Und dann wieder
Wird sie zur Hure
Die sich für wenige Groschen hergibt.

Was bin ich doch für ein Zuhälter.

5.
Der Pope hatte gerade
Sein Fünfzigcent Gesicht auf
Als er in gekonnter Manier
Sein Gebet murmelte.

Bewundernswert
Das alles ohne Souffleure.

6.
Schreibe ein Gedicht über uns
Und ich tat es
Mitten im Garten
Deiner nicht endenden Phantasien
Und dann wolltest Du noch eins.

Schreibe ein Gedicht über uns
Und ich tat es
Mitten im Garten
Deiner nicht endenden Phantasien
Und dann war's Dir schon langweilig.

7.
Marcia ist wieder da
Die Kompanie hat sich versammelt
Hopp Ballerina hopp.

Ob in Rio oder in der Met.
Ob in Stuttgart oder in Shanghai
Rita Hayworth kommt mir in den Sinn
Orson Welles auch.
Du als Kameliendame und er als Othello.

Marcia ist wieder da
Wie die Sonne zu ihrem Planeten
Nach einem Vulkanausbruch.

8.
Du hast nur noch die eine Kugel
Oder die Wahl, einfach abzuhauen.
Was sind schon Tabletten
Oder der Sturz aus dem Fenster.

Die Kugel als Symbol der Größe
Gift, der Preis der Lächerlichkeit.
Hast Du die Worte von A. noch im Kopf
Wir haben ihn ausgelacht
Wie einen Jäger in der Steppe
Und dann verschwand er
Als Eremit in einer Katakombe.

9.
Ich habe Dir Blumen mitgebracht
Wie andere ihren Körper
Und als Dank
Kamen sie
In Deine engste Vase.

10.
Was bleibt, ist die Erinnerung
Oder ein Kleeblatt
Der Rest
Falls es einen gab
Ist metaphysisch
Oder in der Katalepsie.

Sei Du.

11.
Sie schlafen auf Straßen
Um am nächsten Morgen
Den neuen Tag zu bekämpfen.

Sie essen mikroskopisch
Und durchleiden TB oder Lepra
Wie andere ein Theaterstück oder Fußballspiel.

Sie kennen keine Liebe
Und freuen sich schon über ein -- Guten Tag --
Sie tragen keine Kleidung
Außer einigen Lumpen
Mit denen man sie verbrennt
Mit den Worten : -- Einer weniger --

Märtyrer gibt es noch genügend.

12.
Ich fürchte manchmal
Dass ich meinen Ursprung vergesse
So wie an dem Morgen vor sieben Monaten
Als ich Dich nicht erkannte.

13.
Sie kaute den letzten Bissen
Und spülte ihren Mund mit Gin
Dann machte sie sich für ihn fertig.

Er sagte etwas von Liebe und so
Von Sternen und Gestirnen, doch
All das kannte sie schon längst.

Sie schliefen fast gleichzeitig ein
Um am nächsten Morgen, der kommen musste
Getrennt zu erwachen.

Er hinterließ ihr eine Nachricht
Und einen Geldschein
Den sie später
Beim Friseur ausgab.

Sie hatten den vierten Hochzeitstag.

14.
Dann lagst Du da.
Fast wieder zum Leben zurückgekehrt
Und wolltest eine Zigarette.
Du sagtest: "Ich sehe scheußlich aus"
Und ich meinte: "Im Gegenteil"

Ich schwindelte nicht.
Du hattest Deine alte und eine neue Schönheit.
Verzeih mir
Dass ich keinen Spiegel bei mir hatte.

Ich erinnerte mich an Tropfsteinhöhlen
Und an Hubschrauber
Doch ich fand keinen Zusammenhang.
Vielleicht muss man den Versuch wagen
Um sich zu erkennen.

15.
Und sie hassten sich bis an den Tag
Als sie im Beisein der Generäle
Ihre Ochsenschwanzsuppe
In der Regenrinne hinunterspülten.

Damit war der Krieg vorbei
Und Vietnam vereint.

16.
Ich traf Dich so oft
Und traf Dich doch nicht
Und dann begann die Nacht
Die vierundzwanzig Stunden hatte.

Ist es nicht ein schönes Gefühl
Zu erwachen und am Leben zu sein.

Dieses Gedicht ist für Dich
Und für Gott
Den ich heute zum ersten mal nach Jahren
Wieder ansprach.
Ich danke Euch beiden.

17.
Ich gehe die alten Straßen
Durchkreuze bekannte Gesichter
Die alt geworden sind.
Ich schreibe dieses Gedicht
Das keines werden soll
In einer unendlich phantastischen Stimmung.
Vergangenheit und Gegenwart werden eins
Die Zuflucht ist nur der Sprung
Ins geweihte Wasser.
Immer, wenn ich die alten Straßen sehe
Überholt mich Dein Schatten,
Der irgendwann einmal gestern
Oder vor einem Jahrhundert
Hier wohnte.

18.
Er ist so feinfühlig,
Dass er sich noch täglich
An den Augusttag vor fünf Jahren erinnern kann,
Als er eine Ameise platt trabte.

Er erzählt es täglich seinen Kindern
Und verschweigt
Seine Tätigkeit als Folterer
Bei der Militärpolizei.

19.
Wenn die Sonne heiß über den Dächern
Erscheint, aus den Fenstern Kinderstimmen
Sich mit dem Gesang der Vögel vermischen, wenn
Die Blumen am Sims neue Blüten haben und
Du Deine Liebe mit Kaffeegeruch weckst,
Dann entdeckst du all das
Was dem Leben seinen Namen gab.

20.
Du lachtest, dass man meinen könnte
Du stammst aus einer anderen Galaxie.
Besinne dich auf Früher
Und verkenne nicht die Ausgelassenheit
Die du als Aushängeschild
Am Halse trugst, wie andere Kruzifixe.

Du hattest ein Lachen,
Mach es nicht zu Farce.

21.
Es traf mich schon
Als ein Freund zu mir sagte
-- Du bist reifer geworden --

Ich wusste, irgendetwas hatte sich verändert
Und da erkannte ich,
Dass ich meine Jugend verlor.

22.
Manche Menschen
Sind nicht dafür gemacht, etwas zu verstehen.

Du musst mich nicht lieben
Genauso, wie Du nicht wissen musst
Wie viel Menschen heute
Ananas Kompott als Nachtisch essen.
Die Galaxis ist nur für Dich da
Wie der Bordeauxteppich
Und Dein silberner Name.
Erkenne mit Verstand
Und töte aus Neugier.

23.
Ich brauche Worte, damit ich träume
Ich brauche Sonne, damit ich sehe
Ich brauche Wärme, damit ich spüre
Ich brauche Dich, damit ich lebe.

24.
Genug für Heute
Die Augen werden langsam kleiner
Und die Müdigkeit größer.
Wieder einmal ein Tag vorbei.
Einer aus der Masse meines Existierens.
Sicherlich gab es schönere,
Miesere aber auch.

Griechenland wurde öfters befreit
Deutschland gab es mal in zwei Versionen
Frankreich ist die Heimat Eduards.

Es gibt Menschen, die halten
Sardinenbüchsenöffner für ein Weltwunder.
Andere mögen dagegen nur Karottensaft.
Warum soll ich da noch nach
Zusammenhängen suchen.

Genug für Heute
Noch ein paar solche Nächte
Und man feiert mich als neuen Stern
Oder opfert mich
Um bei Gott Gnade für die Menschen zu erbitten.

Zufällig wieder einmal

Das kleine Mädchen weinte immer noch, die alte Frau strickte unaufhörlich weiter und kaute die Essensreste vom Mittag, die sich in ihrem Gebiss festgesetzt hatten, kurz zuvor hatte sie diese mit gekonnter Zungenfertigkeit aus der Zahnlücke hervorgeholt. Manolis, der ewig Dicke, des Schreiens nimmermüde, pries zum x-ten Mal seine Wassermelonen, die, von einem Mückenschwarm umhüllt, in einem Holzkarren lagerten. Einige barfüßige Kinder stolperten die Straße auf und ab, vor sich ein Stück Stoffball oder was es auch immer sein sollte.

Das verliebte Paar aus der Vergangenheit kommt um die Ecke, er ein wenig zu klein für sie, schlank mit abgetragenen Jeans und einem weißen T-Shirt, und sie mit einem blauen Sommerkleid, das wie ein alter Mehlsack auf ihrem Körper ruht. Genau wie immer, fest umschlungen, lassen sie sich nicht einmal von Manolis Gebrüll stören. Das kleine Mädchen ist inzwischen aufgestanden und versucht, die Jungs zu überzeugen, dass sie auch Fußball spielen kann; die Alte schaut kauend und teilnahmslos immer noch auf ihr Strickzeug, Manolis brüllt weiter und das Pärchen entfernt sich mit kleinen Schritten der Zärtlichkeit zu.

Hier lebte ich einmal, viele, sehr viele Jahre. So kam es mir wenigstens vor. Hier hatte ich das Existieren gelernt, das „Nur der Starke hat was zu sagen", ich bin bei der Prüfung mit Bravour durchgefallen. Jetzt, nach Jahrzehnten, sehe ich sie wieder, und es sind immer noch die, die auch früher hier lebten. Sicherlich werden sie immer hier leben, mit Stoffbällen spielen, alte Essensreste kauen und

Melonen verkaufen. Hier strafen sich die Leute, indem sie sich gegenseitig ver- und enthexen. Sie lachen, damit man ihre Goldzähne sieht, und lehren den kleinen Kindern das ordinäre Fluchen, damit sie, wenn sie es gelernt haben, bestraft werden können. Hier schwört man ewige Treue für vierundzwanzig Stunden und kocht mit Vorliebe Bohneneintopf mit Tomatensauce. Hier hört man manche von Politik reden, andere das Ausgesprochene aufschreiben. Hier schlägt man Frau und Kind für eine Pokerkarte und hier sind die Witwen für vogelfrei erklärt worden. Ich liebe diese Stadt genauso, wie ich sie hasse. Ich umarme jedes Mal aufs Neue das Land und das Meer und lasse mich verwöhnen, indem ich verlogen schmeichle.

Hier war einmal mein Zuhause. Sehr vieles habe ich hier erlebt, doch nur das Wenigste ist haften geblieben. Das, was ich wohl nie vergessen werde, sind die Sprüche, die einer, man nannte ihn den „Verrückten", an die Häuserwände mit schwarzer Sprühfarbe schrieb:
-- Hier ist die ewige Provinz. --
--Das Verbrechen ist die Ewigkeit --
-- Uns fehlt kein Heimatverlangen, uns fehlt die Achtung. --

„Waren sie schon einmal hier?", fragte mich eine Stimme vom anderen Ende der Straße. Ich verneinte wortlos und ging weiter, bis mich die Stimme einholte. „Empfinden Sie es auch?" Die Stimme ließ nicht locker, als wollte sie aus mir all das erfragen, was ich seit Anbeginn der Welt in mich hineinfresse. „Ich bin hier fremd„ log ich, um wieder allein zu sein.

Ich möchte niemandem etwas vormachen, doch jetzt verspüre ich zum ersten Mal die gesellschaftliche Verpflichtung, geächtet zu sein. Wer soll mich von all den Leuten hier auch verstehen? Sie kennen keine

Ruhelosigkeit, ein immer wiederkehrendes Suchen nach dem Schönen - sagte ich "Schönen?" - nein, nach dem Vollkommenen. Nach dem, was ist, und nichts darüber.

Es gibt nichts Schlimmeres, als einem seine Ideen abzusprechen, die Leute hier tun es mit Vorliebe. Mein Geburtshaus liegt etwas weiter oben, sie haben es wie Aasgeier zerstückelt, um ihre Machtgier zu demonstrieren. Dort wo die Zypressen sich treffen, habe ich immer gespielt, oft allein, meistens allein, immer allein, so wie ein Apfelbaum, der keine Früchte trägt. Die alte Welt wird auf einmal sichtbar. Die Jungs haben das kleine Mädchen brutal weggeschickt und spielen weiterhin allein mit ihren Stofffetzen, die Kleine weint wieder, und die alte Frau scheint zu Ende gekaut zu haben. Manolis sehe ich nicht mehr, seine Stimme durchdringt nur schwach die Gassen.

Ich gehe den Weg zurück mit dem Vorhaben, nie wieder hierher zu kommen. Ich weiß aber, dass ich es nicht einhalten kann. Irgendwo in meinem Unterbewusstsein hatte ich um Aufschub gebeten, und irgendwann, zufällig wieder einmal, werde ich diese Straßen sehen mit all ihren Menschen und all ihren Erinnerungen und immer wieder wird dieser Anblick beweisen, dass ich sie, wie ich sie auch kritisiere, um ihre Lebensfreude, die unantastbar ist, beneide.

Lyrik von Niko Papadakis

Jetzt und Immer ISBN 978-3-8334-6456-0

Ein übersprungener Tag ISBN 978-3-8334-9220-4

Verpasste Augenblicke ISBN 978-3-8370-0372-7

Träume töten ohne Warnung ISBN 9 783 837 055 320
Herzlichen Dank an Gez Zirkelbach für das wunderbare Titelmotiv
sowie Babsi Schulte die es zur einer Einheit geformt hat.